O r t o g r a f í a
e s p a ñ o l

II

SIGNOS DE PUNTUACIÓN

Marina Díaz Peralta
María Teresa Cáceres Lorenzo

UNIVERSIDAD DE
ALCALÁ

ANAYA ñ
ELE

Equipo de la Universidad de Alcalá
Dirección: María Ángeles Álvarez Martínez

Programación: María Ángeles Álvarez Martínez
            Ana Blanco Canales
            María Jesús Torrens Álvarez

Autoras: Marina Díaz Peralta
         María Teresa Cáceres Lorenzo

Depósito legal: M-40858-2002
ISBN: 84-667-0077-3
Printed in Spain
Imprime: Coimoff, S. A. Madrid

Equipo editorial
Edición: Milagros Bodas, Carolina Frías, Sonia de Pedro
Equipo técnico: Javier Cuéllar, Laura Llarena
Cubiertas: Taller Universo: M. Á. Pacheco, J. Serrano
Diseño de interiores: Ángel Guerrero

Expresamos nuestro agradecimiento al Vicerrectorado de Investigación de la Universidad de Alcalá, por el proyecto subvencionado "Frecuencia de uso y estudio del léxico con especial aplicación a la enseñanza del español como lengua extranjera" (H004/2000); y muy especialmente al Vicerrector de Extensión Universitaria de esta Universidad, profesor Antonio Alvar Ezquerra, por haber acogido con entusiasmo nuestro proyecto y habernos prestado desde sus comienzos su inestimable apoyo y ayuda.

Presentación

El libro que ahora presentamos, perteneciente a la colección COMO APOYO, incluye las normas que rigen la puntuación. Está dirigido a estudiantes de español como lengua extranjera que ya hayan alcanzado un nivel medio. Aquí encontrarán de forma clara y concisa las normas del empleo de los signos de puntuación y ejercicios que les permitirán practicar cada uno de los signos estudiados.

Está compuesto por doce capítulos en los que se detallan los diferentes casos en que se usa el signo ortográfico en cuestión. Después de cada explicación hay ejercicios para practicar lo que se ha expuesto. Por último, se incluye un apartado de Recapitulación con una serie de textos para puntuar aplicando todo lo aprendido.

Al final del libro se dan las soluciones a todos los ejercicios. Por ello, puede utilizarse como obra de AUTOAPRENDIZAJE o bien como complemento en las clases de español.

Aunque concebidos como volúmenes que pueden ser consultados de forma independiente, *Ortografía I* y *Ortografía II* son complementarios, ya que ambos presentan todas las reglas –de obligado conocimiento– para que un texto esté correctamente escrito.

Índice

1 LA COMA

La coma (,) indica una pausa breve que se produce en el interior de la frase. Sus funciones son las que se describen a continuación.

> 1. Se emplea la coma para aislar el *vocativo,* elemento que aparece en la oración invocando, llamando o nombrando.

EJEMPLOS:

Hay que decidir qué vamos a hacer, caballeros.

—Don Alejandro, yo también soy culpable. Yo tenía concluido el informe que aquí le traigo, y seguía demorándome en Inglaterra y tirando su plata, por el amor de una mujer.

Jorge Luis Borges, *El libro de arena.*

Compañeras, reconozcámoslo: nos denigramos con esta laxitud. La lucha está planteada en términos terribles y el dilema es muy claro: "Victoria o muerte". Si él vence, nunca podremos ya vivir como hasta ahora [...].

Antonio Gala, *El corazón tardío.*

No me mire con esa cara, señora, porque yo no he hecho nada.

EJERCICIO 1

Puntúa los vocativos que aparecen en las siguientes oraciones.

1. Me parece Juan que eso no es así.

2. Señores cuando quieran pueden pasar a la sala.

3. No molestes a los niños pequeños gamberro.

4. Ya es hora amigos de tomar una decisión.

5. Suelta esos papeles chico.

6. Señoras vamos a comenzar la reunión.

2. Una de las funciones primordiales de la coma en los textos escritos es señalar los incisos que se emplean para ampliar o aclarar lo dicho (construcciones explicativas).

EJEMPLOS:

El conferenciante, de la Universidad de Madrid, disertó sobre el español de América.

Mis hermanos, jóvenes y solteros, viven aún en la casa de nuestros padres.

Los niños, que jugaban a la pelota en la plaza, se sorprendieron con los fuegos artificiales.

Miriam es, entre todas las hermanas, la más guapa.

Iván, cansado de ver la televisión, decidió ir a dar un paseo.

La nieve, blanca y espesa, cubrió las montañas y los valles.

Eso, que Juan no haya pasado el examen teórico para obtener el carné de conducir, no me lo creo.

RECUERDA:

La coma es imprescindible para distinguir la *explicación* (siempre entre comas) de la *especificación* (sin comas).

EJEMPLOS:

El conferenciante de la universidad de Madrid disertó sobre el español de América.

Mis hermanos jóvenes y solteros viven aún en la casa de nuestros padres.

La nieve blanca y espesa cubrió las montañas y los valles.

EJERCICIO 2

Utiliza las comas para señalar la existencia de construcciones que amplían o aclaran. Observa que en algunos casos hay dos posibilidades.

1. Nostradamus el profeta del siglo XVI predijo la llegada de Hitler al poder.

2. El enfermo obsesivo y compulsivo recibe tratamiento psiquiátrico.

3. El jazz música individual y espontánea es difícil de enseñar en las escuelas.

4. Aquella chica alta y guapa parece una actriz de cine.

5. Una mujer de nacionalidad alemana se arrojó a la calle desde el balcón de su casa.

6. La casa completamente vacía tenía un aspecto lúgubre.

7. El seísmo de baja intensidad no fue notado por los habitantes de la ciudad.

8. La fiesta animada y ruidosa continuó hasta la madrugada.

9. El naufragio del Titanic ocurrido en el mar del Norte en abril de 1912 aún conmueve por su dramatismo.

10. En su casa que es una coqueta vivienda con vistas al mar nos reunimos todas las semanas.

11. El barco que faenaba cerca de la costa atrapó un delfín entre sus redes.

12. El escritor considerado uno de los más grandes del siglo XX murió la semana pasada.

13. Lohengrin que simboliza el amor más idealista en medio de las traiciones y las envidias surca las aguas del río Escalda en una barca llevada por un cisne.

---

3. La coma delimita los distintos elementos de una *enumeración,* es decir, una sucesión de elementos que desempeñan la misma función sintáctica.

EJEMPLOS:

Su afán de aprender, su voluntad, su disciplina lo acompañaron hasta el último de sus días.

Me sentí arrebatado por el canto del hombre que moría, pero en su canto y en su acorde vi mis propios trabajos, la esclava que me dio el primer amor, los hombres que maté, las albas de frío, la aurora sobre el agua, los remos.

Jorge Luis Borges, *El libro de arena.*

[...] Era su viejo, odiado, amado, conocido, desconocido, deseado, temido, salvaje dragón, hundiéndole por vez primera en la conciencia pantanosa y abominable de su terror.

Ana M.ª Matute, *Olvidado rey Gudú.*

3.1. Cuando las conjunciones *y, e, o, u* preceden al último elemento de la serie, en general, no puede emplearse la coma.

EJEMPLOS:

El cielo de la tarde se pintaba de gris, de rosa y de naranja.

Los hijos del conde Olar heredaron la extraordinaria fuerza física, los ojos grises, el áspero cabello rojinegro y la humillante cortedad de piernas de su padre.

Ana Mª. Matute, *Olvidado rey Gudú.*

Así vivimos [...], pero atentos siempre al inamovible paisaje de nuestra infancia en busca de un temblor, de una ráfaga imprevista, de un rayo de luna o del recrudecimiento de la tiniebla [...].

Rosa Regás, *Luna lunera.*

Sin embargo, es necesario emplear la coma siempre que el último elemento de la enumeración precedido por la conjunción introduzca un significado diferente.

EJEMPLOS:

En el mercadillo del domingo compró naranjas, manzanas, uvas, y una colcha hecha con retales de colores.

Me gustan el cine, el teatro, la ópera, y las hamburguesas.

Tiene que emplearse necesariamente la coma en aquellos contextos en los que la conjunción *y* enlaza con toda la oración anterior y no con el último de los elementos de la enumeración.

EJEMPLO:

Hizo galletas, pasteles y helados, y los llevó a la fiesta.

3.2. Si los elementos de una enumeración están separados por un punto y coma, el último elemento, precedido por la conjunción, lleva coma o punto y coma.

EJEMPLO:

Se tuvo que desprender de algunas de las cosas que le habían quedado pequeñas: el jersey hecho con lanas de distintos colores; la falda comprada en aquella tienda de la calle Mayor; la camisa de rayas con botones de nácar que brillan a la luz; y los zapatos de charol que tanto le gustaba ponerse los domingos.

3.3. Algunas veces, en las enumeraciones, la coma se une a la conjunción para producir un claro efecto estilístico o expresivo.

EJEMPLOS:

[...] Pero al instante siguiente la semejanza se borraba y se me ocurría que no eran iguales, ni en el gesto, ni en la envergadura, ni en la mirada.

Rosa Montero, *La hija del caníbal.*

No hubo más mar, ni más luna, ni más risa, ni más vino con gaseosa.

Antonio Gala, *El corazón tardío.*

3.4. A veces, se puede emplear el punto en lugar de la coma con una clara finalidad estilística: resaltar los miembros de la enumeración.

EJEMPLOS:

> [...] Él no tenía lo que yo tengo. Riqueza. Experiencia en la curia. Una familia.
>
> Manuel Vázquez Montalbán, O César o nada.

> [...] Todos iban nadando de pie. Marcando el paso sin ruido. Moviendo los brazos como aspas de un molino dormido. Con las caras extraviadas.
>
> Antonio Gala, El corazón tardío.

RECUERDA:

Las normas de puntuación son muy importantes, y cada lengua tiene sus propias reglas. Así, en español la coma no puede ser empleada sistemáticamente delante de la conjunción *y* del mismo modo que se hace en inglés. Tampoco puede emplearse este signo, como se hace en francés, para indicar que el último elemento de un sujeto múltiple tiene el mismo valor que los precedentes o para resaltar el último miembro de la enumeración.

EJEMPLOS:

> [...] Drinking is an institution in Chiapas that permeates the entire lives of a people: religion, politics, family life, and agriculture are inextricably tied up with drinking [...].

> [...] The article examined a two-and-a-half-hour Thanksgiving dinner conversation between two Californians, three New York Jews, and a native of Chicago.

> Le boxer, le caniche, le dalmatien, trottinaient le long de la route.

> Hinault, Boyer, Indurain, et Kelly, passèrent en tête au sommet.

EJERCICIO 3

En las siguientes frases se han incluido algunas enumeraciones. Puntúalas.

1. Ese libro es una crónica de la sociedad de principio de siglo de sus modas de sus comportamientos y de sus desigualdades.

2. El presidente del Gobierno el líder de la oposición y un afamado periodista participarán en el debate televisivo.

3. Una rotura de las máquinas paralizó las labores de carga descarga recepción y entrega de las mercancías.

4. Este alumno destaca por ser inteligente serio responsable.

5. Habita con su padre su madre su hermano y los fantasmas de sus abuelos.

6. El velcro se utiliza en los automóviles en los suministros médicos o en los equipos militares.

7. En el jardín vio rosas geranios grandes árboles y una escalera que conducía a la galería del piso de arriba.

8. El arte plástico el cine independiente la música y los medios de comunicación han conocido la capacidad de este artista para revolucionar lo establecido.

9. Compró una docena de manzanas rojas y maduras dos docenas de huevos recién traídos de la granja y algunas especias.

---

4. Dos elementos coordinados por la conjunción *o* pueden llevar una coma cuando tienen significados que se oponen o se excluyen. No se emplea la coma cuando los sintagmas coordinados por *o* son equivalentes.

EJEMPLOS:

[...] Tal vez entre los muertos se encontraba esa estúpida niña que no había querido invitarnos a la fiesta de su santo, o los padres de nuestra amiga Inés [...].

Rosa Regàs, *Luna lunera.*

[...] También fue punto obligatorio para el cruce de las caravanas que viajaban de Occidente a Oriente, o viceversa.

Javier Reverte, *Corazón de Ulises.*

Aún no sé qué serviré como plato fuerte o plato principal en la cena de mañana.

EJERCICIO 4

Puntúa estas oraciones.

1. Los grupos terroristas pretenden obligar a un país a elegir entre sus pretensiones o la violencia y el caos.

2. El acto concluyó con el juramento o promesa de los nuevos miembros de la sociedad.

3. Tienes que decidir entre él o yo.

4. El nuevo técnico o entrenador del equipo ha conseguido mejorar el rendimiento de los jugadores.

5. Le ayudará a cuidar al recién nacido su madre o su hermana.

6. En ocasiones hay que escoger entre el dinero o la tranquilidad.

5. Los elementos coordinados introducidos por *pero* y por *sino* suelen estar precedidos por una coma.

EJEMPLOS:

Siempre dice las cosas con calma, pero con seguridad.

Recordaron haberlo visto con la honda y la piedra, desnudo, pero con zapatos y sombrero, en los tiempos en que Macondo era un humilde caserío de refugiados.

Gabriel García Márquez, *La hojarasca.*

La conferencia no trató de política, sino de economía.

[...] la existencia del botón salvador ya no dependía de la desidia de unos guardeses perezosos, sino de la moderna técnica americana [...].

Carmen Posadas, *Pequeñas infamias.*

EJERCICIO 5

Pon comas donde sea necesario.

1. Reconocemos que la situación de la empresa es difícil pero no desesperada.

2. La montaña –vencida pero no aplastada– se vengó implacablemente de los escaladores.

3. No es una película anticuada y repetitiva sino rabiosamente actual.

4. No pedimos indulgencia sino debate y comprensión.

5. La búsqueda de la paz no se consigue con la ruptura de las negociaciones sino con la ampliación de éstas.

6. El nuevo programa que acaban de sacar al mercado es útil pero muy caro.

7. Es una persona joven pero muy responsable.

---

6. En ciertos casos, se puede utilizar la coma cuando hay una alteración del orden normal de los elementos de la oración y un elemento que habitualmente va pospuesto al verbo se presenta encabezando la oración.

EJEMPLOS:

De política, no quieren mis padres que se hable en casa.

La actividad de producir y entender textos es lo que se busca perfeccionar cuando se pretende aprender a hablar mejor, a expresarse con más eficacia o a mejorar nuestra comprensión lectora. A la experiencia intuitiva y global que tenemos de los textos, hace falta añadirle una experiencia más matizada y racionalizada [...].

R. Núñez y E. del Teso, *Semántica y pragmática del texto común.*

A todos aquellos que veía obrar con justicia, procuraba favorecerlos en mayor medida que a los injustos y a los codiciosos.

EJERCICIO 6

Utiliza la coma en las siguientes oraciones.

1. A su hermano Ignacio lo vimos el otro día en la calle.

2. A él le dieron un premio por su excelente currículum.

3. De ese asunto prefiero no seguir hablando.

4. En él confían todos sus compañeros.

5. El equipo de música estéreo lo compramos en las rebajas.

6. A las personas que se encargan de las negociaciones hay que darles un margen de confianza.

7. De lo que me dijo no consigo acordarme.

7. En español, suelen aparecer encabezando la oración adverbios y expresiones de espacio o de tiempo; en estos casos es habitual el uso de la coma.

EJEMPLOS:

En el próximo milenio, de nada nos servirá continuar la búsqueda de nuevos mundos si seguimos siendo incapaces de respetar la libertad y la dignidad de nuestros semejantes.

Cerca de la casa de la abuela Rebeca, había un parque misterioso y sombrío, que se iniciaba en un declive a espaldas de la catedral de San Juan Divino.

Carmen Martín Gaite, *Caperucita en Manhattan.*

[...] Durante el día, no hacía otra cosa más que lavar su ropa, cantar y echarle de comer al canario, al que piropeaba hasta ponerlo histérico dentro de su jaula. Por la noche, no sé.

Antonio Gala, *El corazón tardío.*

Puede emplearse la coma para llamar la atención sobre cualquier adverbio o expresión adverbial independientemente del lugar que ocupe dentro de la oración y de su significado (tiempo, lugar, modo, causa, instrumento, compañía, etc.).

EJEMPLOS:

Dijo que, algún día, haría las maletas y desaparecería para siempre.

[...] Nadie me volvió a mirar esa noche y, un par de semanas después, en la Facultad, Pierre se me acercó amistosamente a consultarme algunos asuntos de trabajo.

Alfredo Bryce Echenique, *Reo de nocturnidad*.

Con peine de oro y nácar, Adriana del Milà acaricia más que peina los cabellos de Lucrecia y sonríe ante sus demandas.

Manuel Vázquez Montalbán, *O César o nada*.

Pertenecía a un linaje que, por tradición ya secular, se había dedicado a lo que él ahora.

Antonio Gala, *El corazón tardío*.

EJERCICIO 7

Utiliza las comas donde corresponda en las siguientes oraciones.

1. Desde 1981 la epidemia ha afectado a 50 millones de personas.

2. Se dice que en sólo seis meses será posible restablecer las comunicaciones.

3. El Ayuntamiento ha pedido a los ciudadanos que por su propia seguridad dejen cerradas las puertas y las ventanas de sus casas.

4. En la primavera de 2000 se conoció el primer borrador del genoma humano.

5. Un ciudadano gracias a su aparato de radioaficionado se puso en contacto con el barco en apuros.

6. En esa ciudad austriaca se celebra todos los años un famoso festival de ópera.

7. Me parece que de esta manera no conseguiremos nada.

8. Su vecino le pidió que quitara el coche de delante de su puerta con cara de pocos amigos.

8. El uso de la coma es obligatorio siempre que la frase empiece por expresiones como las siguientes: *en cuanto a, acerca de, hablando de, respecto de, en lo que se refiere a,* etc.

EJEMPLOS:

En cuanto a mi frustrado rival, sería de pésimo gusto que yo lo criticara.

Jorge Luis Borges, *El libro de arena.*

Acerca del crimen del que se habló la semana pasada en todos los medios de comunicación, se sabe de fuentes bien informadas que la policía está a punto de concluir su investigación.

En lo que se refiere a la prohibición de circular por la ciudad con ciclomotores a partir de la medianoche, los usuarios de este medio de locomoción ya están empezando a manifestar su total desacuerdo.

EJERCICIO 8

Pon las comas necesarias en las siguientes oraciones.

1. Respecto de lo que estuvimos discutiendo antes aún no hay nada decidido.

2. En cuanto a lo que llevamos gastado tendríamos que usar la calculadora para saberlo.

3. Hablando de tus vecinos ayer los vimos en la playa.

4. Acerca de los problemas laborales a los que se enfrenta la juventud actual su opinión es que debe haber más formación y especialización.

5. En lo que se refiere a las fiestas de la ciudad la comisión elegida por el alcalde ya está terminando la elaboración del programa.

9. Los enlaces discursivos como *esto es, es decir, o sea, no obstante, por consiguiente, en cambio, además, en primer lugar, por último, por fin,* etc., colocados al principio de la frase van siempre seguidos de una coma. Si se encuentran en el interior de la oración deben ir obligatoriamente entre comas.

EJEMPLOS:

No obstante, decidió acudir a la reunión de antiguos alumnos.

Por consiguiente, no es probable una disminución de los impuestos indirectos.

Hay que tener en cuenta, además, su posible aplicación práctica.

En el antiguo Egipto se empleaban los jeroglíficos, es decir, la representación del significado de las palabras con figuras o símbolos.

EJERCICIO 9

Puntúa las siguientes oraciones.

1. Sin embargo en algunas plantaciones se emplean los restos volcánicos para retener la humedad.

2. El premio no obstante fue para el representante de los Países Bajos.

3. Siempre ha querido visitar uno de los mayores parques urbanos del mundo esto es Central Park.

4. Además el gobierno no ha acertado con las últimas medidas para detener la tendencia inflacionista de la economía.

5. El personaje por último comprende que todo ha sido una alucinación.

6. Los hechos por consiguiente no se han podido demostrar.

7. En cambio su madre siempre le prestó todo su apoyo.

10. Se pone coma después de expresiones como *teóricamente, desde un punto de vista práctico, técnicamente,* etc., que inician la oración y delimitan su significado.

EJEMPLOS:

[…] En términos históricos, las variedades de una lengua literaria pueden existir ya antes de la formación de ésta o pueden constituirse una vez que la lengua literaria ya existe.

José Luis Rivarola, *La formación lingüística de Hispanoamérica.*

Técnicamente, el problema no tiene solución.

Teóricamente, es posible conseguir muestras del discurso de cualquier hablante.

EJERCICIO 10

Haz uso de la coma en las siguientes oraciones.

1. En teoría es posible aprobar dos cursos en un año.

2. Técnicamente el diseño adolece de algunos fallos.

3. En términos literarios una metáfora es una figura que consiste en usar una palabra con sentido figurado en virtud de una composición establecida por la imaginación.

4. En términos técnicos se llama meteorito a un cuerpo procedente de los espacios interplanetarios.

11. Debe aparecer delimitado por comas cualquier adverbio o construcción adverbial que el autor emplea para expresar su opinión.

EJEMPLOS:

Daniel no tuvo tiempo de preparar la lección. Llegó a clase y el profesor le hizo una pregunta. Daniel no le contestó, lógicamente.

La visita del técnico, su ojeada a la puerta de la nevera y los cinco minutos que estuvo en mi casa me costaron, factura en mano, veintidós euros con diez céntimos.

No se ha vuelto a saber de ese político, pues, según parece, ha abandonado el país.

No me agrada la compañía de esas personas, la verdad.

Elena, la pobre, ha sufrido un accidente de graves consecuencias.

EJERCICIO 11

Emplea la coma para delimitar los elementos que expresan la actitud del autor en las siguientes oraciones.

1. Francamente no sé qué habría hecho sin ti.

2. Esa película sin duda es la mejor de los últimos tiempos.

3. Su hermana la pobre ha perdido el trabajo.

4. No sé para qué has venido la verdad.

5. Eso lógicamente no era cierto.

6. Ciertamente hay veces que no la entiendo.

7. El accidente se produjo al parecer por causas mecánicas.

12. Es obligatorio el empleo de la coma en aquellas construcciones que indican la fuente —el sujeto o la obra— de la que procede la información que se está dando.

EJEMPLOS:

La historia, según Cicerón, es maestra de la vida.

En opinión de los encuestados, la situación económica del país no es tan buena como pretende el Gobierno.

Los precios, en palabras del ministro de Economía y Hacienda, no subirán con el cambio de moneda.

EJERCICIO 12

Puntúa las siguientes oraciones.

1. En opinión de muchos el siglo XXI y el tercer milenio comienzan el 1 de enero del año 2001.

2. Un grupo de investigadores norteamericanos según un artículo de la revista *Molecular Biology and Evolution* ha comenzado a extraer secuencias de ADN procedentes de células de mamuts.

3. Abaratar el coste de los despidos no mejorará la economía según un informe de los sindicatos.

4. Los músculos en opinión de los médicos pueden perder flexibilidad a bajas temperaturas.

5. Esa vacuna en palabras de los expertos supondrá un gran avance en la prevención de la enfermedad.

13. Las *oraciones yuxtapuestas* que forman un único enunciado deben ir separadas por comas.

EJEMPLOS:

Apenas me vi solo, me metí en uno de los ascensores, subí al cuarto piso, busqué y encontré el despacho de Pardalot, volví a forzar la cerradura y entré.

Eduardo Mendoza, *La aventura del tocador de señoras.*

[...] Ya no me encontraba con él en el cuarto de baño por las noches, ya no lo oía resoplar en la cama a mi lado, no me encontraba los restos de su café en la cocina [...].

Rosa Montero, *La hija del caníbal.*

EJERCICIO 13

Pon las comas necesarias en las siguientes oraciones.

1. Roberto está en la playa María se ha ido con sus amigas Elena se ha quedado en casa.

2. Es muy tarde todas las tiendas están cerradas se ve poca gente por las calles.

3. He estado trabajando con Gonzalo durante toda la semana hemos podido presentar a tiempo el trabajo.

4. Las vacaciones de verano llegarán dentro de poco toda la familia nos iremos a la playa.

5. No debe de haber nadie en la casa las luces están apagadas no se oye ningún ruido.

14. Puede utilizarse una coma delante de la conjunción *y* cuando ésta coordina oraciones que tienen distinto sujeto.

EJEMPLOS:

Grito "¡Todo!", y el eco dice "¡Nada!"
Grito "¡Nada!", y el eco dice "¡Todo!"
Ahora sé que la nada lo era todo,
y todo era ceniza de la nada.

José Hierro, *Cuaderno de Nueva York*.

Su padre se sentía completamente restablecido, y los médicos le han dado el alta.

[...] Alguien que lo vio tiritando de calentura le dio el aviso al capitán, y éste abandonó la fiesta con el médico de a bordo temiendo que fuera un caso de cólera.

Gabriel García Márquez, *El amor en los tiempos del cólera*.

[...] Se quedó de pie sorbiéndose las lágrimas de espanto, y sus ojos miraban asustados las gafas del señor que comenzó a hablar [...].

Rosa Regàs, *Luna lunera*.

14.1. Puede emplearse la coma en las oraciones coordinadas por *y* como recurso estilístico destinado a llamar la atención sobre la segunda oración.

EJEMPLOS:

Los disturbios se produjeron en otras dos ocasiones, y siempre coincidieron con el anuncio de nuevas restricciones económicas.

Se propuso no defraudar las esperanzas que todos habíamos puesto en él, y lo consiguió.

14.2. Cuando la segunda oración coordinada por *y* tiene un significado que se contrapone al de la oración anterior (es decir, que la conjunción *y* equivale a *pero)* o expresa consecuencia (la conjunción *y* equivale a *por lo tanto),* es conveniente emplear la coma delante de *y.*

EJEMPLOS:

A Víctor, su madre le dijo que no saliera de casa, y se fue al cine con sus compañeros de clase.

Trabaja muchas horas, y está muy cansado.

Acabó el trabajo, y se fue directamente a su casa.

EJERCICIO 14

Pon las comas que consideres necesarias.

1. Algunos ejecutivos ganan casi tanto dinero como un futbolista y todavía se quejan.

2. No entiende las explicaciones que se dan en clase y no pregunta.

3. Nunca hace caso y sus profesores se están cansando.

4. Juan toca la guitarra y tiene una bonita voz.

5. Ella dijo que vendría y yo sé que lo hará.

6. Me gusta mucho ir a la playa y voy a hacerlo este fin de semana..

15. Es aconsejable emplear una coma que refuerce la oposición de significados que existe entre las oraciones coordinadas por las conjunciones adversativas *pero* y *sino*.

EJEMPLOS:

[...] El paso del tiempo y las ratas habían devorado la carne de los muertos, pero quedaban las calaveras de los adultos y los niños, los costillares, los fémures, las tibias, montones de huesos en desorden y cubiertos por restos de ropa [...].

Javier Reverte, *Vagabundo en África.*

Trató de regalarle la bacinilla de oro lavada con lejía y desinfectada con alcohol, pero Amaranta Úrsula la rechazó por miedo de que se burlaran de ella sus compañeras de colegio.

Gabriel García Márquez, *Cien años de soledad.*

No era, pues, la esencia de sus sermones la causa de su desasosiego. Ésta no estaba en lo que decía, sino tal vez en lo que callaba o en lo que sugería en sus frases accesorias más o menos ornamentales.

Miguel Delibes, *El hereje.*

[...] Su desgracia, o la del pueblo, fue que después no logró recordarlo jamás como era en realidad, sino como se lo imaginaba antes de conocerlo.

Gabriel García Márquez, *El amor en los tiempos del cólera.*

RECUERDA:

En español, al contrario de lo que ocurre en francés, no es correcto utilizar la coma detrás de *pero,* salvo en aquellos casos en que siga a la conjunción un elemento que deba ir entre comas.

EJEMPLO:

Había pensado acabar hoy mismo el trabajo que estoy haciendo, pero, francamente, me he levantado sin ganas de trabajar.

Ejercicio 15

Puntúa las siguientes oraciones.

1. Esto no lo digo porque me importe el asunto en sí sino porque me molesta que aceptes sin discusión todo lo que lees.

2. Los ejércitos ganan la guerra pero los pueblos tienen que ganar la paz.

3. No tiene ganas de salir de casa sino de quedarse leyendo un libro.

4. El secretario general de la ONU declaró que en estos momentos es difícil enviar personal a la zona pero aseguró que la ayuda internacional se reforzará.

5. La situación de algunas especies animales ha mejorado pero en realidad la amenaza aún no ha desaparecido.

6. No quiero que me des la razón sino que intentes comprenderme.

16. Puede aparecer la coma delante de la conjunción *o* cuando el significado de la segunda oración excluye el de la primera. No se utiliza la coma cuando los significados de ambas oraciones no se oponen ni se excluyen.

Ejemplos:

¿Es más correcto el español de Burgos, o es mejor el hablado en Buenos Aires? En buena parte de España e Hispanoamérica existe la idea de que las mejores variedades del español son aquellas cuya pronunciación se ajusta en mayor medida a la escritura.

Cada sábado los amigos ocupaban la misma mesa lateral en el Café del Globo, a la manera de los pobres decentes que saben que no pueden mostrar su casa o que rehúyen su ámbito.

Jorge Luis Borges, *El libro de arena.*

Ejercicio 16

Puntúa las siguientes oraciones coordinadas.

1. Decía que todas las letras de sus canciones eran tristes o que él componía mejor deprimido.

2. Entre todos deberíamos conseguir que nunca más nadie mate o muera.

3. Entra o sal pero no te quedes ahí plantado.

4. No sé si salir hoy de compras o si dejarlo para mañana.

5. Me da igual que se vaya o que se quede.

6. No se da cuenta de que lo está haciendo mal o no quiere darse cuenta.

7. A veces no se dirigían la palabra o se hablaban a gritos para demostrarse que no se soportaban.

17. En caso de *elipsis verbal* o supresión del verbo en oraciones yuxtapuestas y coordinadas, la coma sirve para marcar la ausencia del verbo. Es conveniente que las oraciones se separen, entonces, por punto y coma para evitar la ambigüedad.

EJEMPLOS:

Mientras echa un pitillo con el del carro, se entera de que a los de Cereceda les llaman pantorrilludos, igual que a los de La Puerta; a los de Mantiel, miserables y rascapieles; a los de Chillarón, tiñosos; a los de Alique, tramposos [...].

Camilo José Cela, *Viaje a la Alcarria.*

En la pared había unas máscaras de yeso pintadas; y en la mesa, un montón de libros desordenados.

Sus padres le habían regalado una bicicleta; y sus abuelos, dinero.

EJERCICIO 17

Puntúa estas oraciones. Recuerda que debes evitar la ambigüedad.

1. Con el futuro absoluto significamos la probabilidad presente con el antefuturo la posibilidad pasada perfecta.

2. El dibujo de Picasso cuesta 4.200 euros y el de Renoir alrededor de 6.000.

3. Su hermana vive en la ciudad y su hermano en el extranjero.

4. Seguramente aquellas personas se habían dado cuenta si no no hubieran mirado.

5. Felipe se fue a su casa nosotros al cine.

6. Juan trajo este objeto de Turín aquél de Nápoles.

7. El color sonrosado le da aspecto de niño pequeño la sonrisa aspecto de niño travieso.

8. A su padre le gusta la caza a él no.

18. Las oraciones subordinadas con significado temporal llevan una coma cuando preceden a la oración principal.

EJEMPLOS:

Apenas había salido de casa, cuando me tropecé con Sara.

Al llegar a la esquina, se giró para ver si alguien la seguía.

Acabadas las vacaciones, todos debemos volver a nuestro trabajo.

18.1. Ha de escribirse entre comas la oración subordinada temporal que está en medio de la oración principal.

EJEMPLO:

Un grito viril, cuando uno no ha logrado pegar ojo hasta las claras del día, puede tener un *efecto estrafalario* [...].

Carmen Posadas, *Pequeñas infamias.*

18.2. Es posible hacer uso de una coma estilística que resalte el contenido de la oración subordinada temporal cuando va detrás de la oración principal.

EJEMPLO:

Más de tres millones de metros cúbicos de agua residual podrán ser nuevamente utilizados en el riego de jardines y en la agricultura, cuando por fin se haya construido la nueva depuradora.

EJERCICIO 18

Haz uso de la coma en las siguientes oraciones.

1. Su familia denunció su desaparición tras comprobar que no había vuelto a su domicilio.

2. Mientras espera la publicación de su tercer libro recorre diversos países promocionando los anteriores.

3. Cuando llegó a su casa se encontró con que no había nadie.

4. Vicente acabada su jornada de trabajo se va a jugar al dominó.

5. El velero después de sufrir serios desperfectos navegó varios días a la deriva.

6. Supo lo que había pasado al oír los comentarios de sus compañeros.

7. El ejército una vez concluida la guerra volvió a su acuartelamiento.

19. Es habitual el uso de la coma en las oraciones *subordinadas de lugar* que anteceden a la oración principal.

EJEMPLO:

Donde vivimos, la gente es muy amable.

EJERCICIO 19

Pon comas en estas oraciones cuando sea necesario.

1. Donde viven mis abuelos mis padres han comprado una casa.

2. Su dinero le permite viajar por donde quiere.

3. Está donde lo dejaste.

4. Hacia donde sale el sol se dirigen las bandadas de aves migratorias.

5. Donde menos se piensa salta la liebre.

6. Iremos donde nos llamen.

20. También deben ir seguidas por una coma las oraciones *subordinadas de modo* que van delante de la oración principal.

EJEMPLO:

Como nos dijiste, hicimos el trabajo.

20.1. Si la oración subordinada modal se encuentra en medio de la principal, tiene que ir entre comas.

EJEMPLO:

Pepe no leyó aquella mañana, como acostumbraba, los periódicos.

20.2. Se puede usar la coma como recurso estilístico para resaltar el significado modal de la oración subordinada cuando va tras la principal.

EJEMPLO:

El pintor pintó la fachada, como le habían pedido los propietarios del edificio.

EJERCICIO 20

Utiliza la coma en las siguientes oraciones.

1. Armados con fusiles de asalto y cubiertos con chalecos antibalas los policías tomaron los alrededores de la embajada.

2. Algunos escriben libros como si fueran rosquillas.

3. Iba por la calle hablando solo.

4. Alberto acompañado por sus padres se presentó en mi casa.

5. Siempre hace las cosas como quiere.

6. Según me dijiste hice la salsa.

7. Temblando de miedo subió las oscuras escaleras.

21. La puntuación de las oraciones *subordinadas finales* responde a las mismas normas que ya hemos visto para las oraciones subordinadas de tiempo, de lugar y de modo.

EJEMPLOS:

Para que aprendas a puntuar correctamente un texto escrito, es conveniente hacer bastantes ejercicios.

Algunas personas, para poder ganar más dinero, tienen dos trabajos.

Hizo un enorme esfuerzo, para que su familia pudiera salir adelante / Hizo un enorme esfuerzo para que su familia pudiera salir adelante.

EJERCICIO 21

Pon las comas necesarias en estas oraciones.

1. Curiosamente los acusados aprovecharon su comparecencia ante el tribunal para hacer una declaración de principios.

2. Para visitar todas las islas del archipiélago hay que hacer un crucero de varios días.

3. La venta a través de Internet para ser válida exigirá la identificación del comprador.

4. A fin de ganar más dinero ha cambiado de trabajo.

5. Su familia hizo muchos sacrificios para que él pudiera estudiar.

6. Para poder comprarse el coche estuvo ahorrando mucho tiempo.

7. Su padre para evitar que tuviera más problemas lo envió al extranjero.

22. En las oraciones *subordinadas causales* introducidas por la conjunción subordinante *porque,* la puntuación se regirá por las normas ya vistas.

EJEMPLOS:

Porque no le compraron lo que pedía, el niño se pasó llorando toda la tarde.

Todos los participantes en la reunión, porque estaban muy enfadados, gritaban y agitaban sus papeles.

Es mejor que no vuelvas por aquí porque están todos muy disgustados contigo / Es mejor que no vuelvas por aquí, porque están todos muy disgustados contigo.

22.1. Suele llevar coma la oración subordinada causal que va tras la oración principal y que está introducida por un elemento subordinante distinto de *porque.*

EJEMPLOS:

Vete a casa, que necesitas descansar.

Los propietarios de ese edificio han demandado a la constructora, pues ya han comenzado a aparecer algunas grietas en las paredes de las viviendas.

No se sabe cuándo se realizarán las pruebas de acceso, puesto que el centro no ha publicado aún las fechas.

La universidad no podrá contratar nuevo profesorado, dado que cuenta con un escaso presupuesto para el próximo curso.

22.2. En algunos casos, la coma deshace la posible ambigüedad sintáctica y, por tanto, la ambigüedad en el significado.

EJEMPLOS:

Su madre le dijo que se pusiera el abrigo ya que iba a tener frío.

Su madre le dijo que se pusiera el abrigo, ya que iba a tener frío.

Su madre le dijo que se pusiera el abrigo ya, que iba a tener frío.

La primera oración, sin comas, resulta ambigua. En la segunda, la condición de subordinante causal de *ya que* es aclarada por la coma. En el tercer enunciado, la coma delante de *que* indica que se trata de un nexo causal, y *ya* es un adverbio temporal.

Observa cómo los signos de puntuación deben contribuir a delimitar las unidades sintácticas, evitando, así, confusiones en la interpretación del mensaje.

EJERCICIO 22

Puntúa las siguientes oraciones.

1. Viendo que el tiempo empeoraba decidieron quedarse en casa.

2. No le gusta hablar de sus obras pues no quiere darse importancia.

3. Nunca pensó dedicarse a la canción puesto que había estudiado Ciencias Económicas.

4. El niño porque no quería ser castigado dijo una mentira.

5. Será detenido ya que sobre él pesa una orden de busca y captura.

6. Dada tu falta de interés no continuaré hablándote del tema.

7. Esas joyas serán subastadas por la policía porque nadie las ha reclamado.

23. Suele utilizarse una coma delante de la oración *subordinada consecutiva*.

EJEMPLOS:

No tiene mucha paciencia, así que pronto se marchará.

Tanto insistió, que terminamos yendo a ver la película que él quería.

Es una persona tan encantadora, que cae bien a todos los que la conocen.

Hace su trabajo con tal interés, que ganará un ascenso.

El niño daba cada grito, que parecía que lo estaban matando.

EJERCICIO 23

Puntúa las siguientes oraciones.

1. La película provocaba tal tensión que muchas personas salieron de la sala.

2. Tanto protestó que consiguió que un tribunal le diera la razón.

3. El examen era tan fácil que lo aprobaron todos los alumnos.

4. Se armó tal escándalo que tuvo que venir la policía.

5. Tanto dijo que consiguió que le compraran un nuevo ordenador.

6. Su vida era tan complicada que ni él mismo la entendía.

7. Se desató tal interés por el tema que los periódicos tuvieron que aumentar la tirada.

8. El tren de cremallera se utiliza en líneas cuya pendiente es tal que las ruedas no bastan para vencer el esfuerzo de tracción o de frenado.

9. Están muy enamorados así que pronto se casarán.

24. Las oraciones *subordinadas condicionales* suelen llevar coma cuando preceden a la principal.

EJEMPLO:

Si los presumidos fueran un poco más sinceros e hicieran un poco más de autocrítica, cantarían menos sus propias alabanzas.

24.1. Si la oración subordinada condicional va detrás de la principal, el uso de la coma dependerá de la realidad o irrealidad de la acción. No suele emplearse coma con las *condicionales reales* (se construyen con indicativo). Puede utilizarse coma con las *condicionales irreales* o imposibles (se construyen con subjuntivo).

EJEMPLOS:

Podremos ver toda la exposición si eres puntual.

Habríamos ido a ver la función, si hubiéramos conseguido las entradas.

24.2. Irán entre comas las oraciones subordinadas condicionales que se encuentren en medio de la oración principal.

EJEMPLO:

Me parece que, si salimos de casa a esa hora, no llegaremos a tiempo.

EJERCICIO 24

Puntúa las siguientes oraciones.

1. El candidato prometió un mayor bienestar social si gana las elecciones.

2. El médico le ha dicho que sólo se curará si toma la medicación que le ha mandado.

3. Si se quiere sacar el máximo partido de los ordenadores hay que aprender a manejar el *software* a la perfección.

4. Habría dimitido si hubiera sido un hombre de palabra.

5. Lo dejaría todo si no tuviera una familia a la que cuidar.

6. Su padre le dijo que si no aprobaba el curso no habría viaje al extranjero.

7. Si gano la lotería dejaré de trabajar.

8. Me parece que si sigue haciendo este tiempo no podremos ir a la playa.

25. En las oraciones *subordinadas concesivas* la coma podrá usarse para destacar el contraste de significados entre la oración principal y la subordinada.

EJEMPLOS:

Su comportamiento deja mucho que desear, aunque ha recibido una esmerada educación.

Acompañó a su mujer a la cena organizada por su empresa, si bien no tenía ganas de hacerlo.

25.1. Se usa la coma cuando la oración subordinada concesiva va delante de la oración principal.

EJEMPLOS:

Aunque era sospechoso de asesinato, la policía no pudo detenerlo por falta de pruebas.

Si bien se había preparado concienzudamente, no consiguió pasar las pruebas físicas.

Aun cuando quería parecer amistoso, algo en su expresión delataba sus verdaderas intenciones.

Aun siendo un lugar muy bueno para vivir, la ciudad necesita algunas mejoras.

25.2. Tendrá que ir entre comas la oración subordinada concesiva que esté en medio de la oración principal.

EJEMPLO:

Algunas personas, aunque son muy serias en apariencia, tienen un gran sentido del humor.

Emplea la coma en las siguientes oraciones.

1. A pesar de sus problemas físicos consiguió acabar los estudios.

2. Aunque tiene fama de serio le encanta sonreír.

3. Lo bueno es que aun teniendo tantos problemas continúan juntos.

4. Si bien no hay pérdidas humanas que lamentar el terremoto ocasionó grandes destrozos.

5. El bizcocho no quedó bien aunque hice lo que me aconsejaste.

6. Irene aunque le dijeron que no era prudente con este tiempo salió a hacer montañismo.

7. A pesar de lo aparatosa que fue su caída no tuvo ninguna importancia.

8. No habla bien el español aunque lleva tres años estudiándolo.

26. Deben escribirse entre comas todas aquellas oraciones subordinadas que el autor emplea como aclaración o como manifestación de su opinión o compromiso con lo que se dice.

EJEMPLOS:

La colisión de los dos trenes se debió, según han dicho los medios de comunicación, a un fallo humano.

El equipo de fútbol de nuestra ciudad consiguió el ascenso de categoría, como yo estaba seguro de que iba a pasar.

Las cosas, hasta donde yo sé, no sucedieron tal como tú las cuentas.

Como es sabido por todos, las lluvias torrenciales provocan cada año enormes pérdidas materiales.

Puntúa las siguientes oraciones.

1. La detención tengo entendido se produjo la mañana del lunes.

2. Diego según me ha dicho su padre va a ir este año a la universidad.

3. Conseguir la entrada me costó puedes creerme hacer tres horas de cola ante la taquilla.

4. Su comportamiento tal y como esperábamos no ha sido el más correcto.

5. La lengua estoy seguro de ello es un sofisticado instrumento de comunicación.

6. Sonia eso creo va a matricularse en Filología.

7. Como ya sabíamos que iba a pasar las conversaciones con los sindicatos terminaron con la desconvocatoria de la huelga.

RECUERDA:

En las cabeceras de las cartas y al final de los escritos que llevan fecha, se pone una coma después del nombre de la ciudad.

EJEMPLO:

Las Palmas, 12 de octubre de 2002.

RECUERDA:

El uso de la coma entre sujeto y predicado se considera un error ortográfico, salvo en los casos en que entre ambos hay un inciso (explicación, aclaración, opinión del autor, etc.).

EJEMPLOS:

La casa de Pedro, está en la colina (incorrecta).

Entró, el viento, por la ventana (incorrecta).

La casa de Pedro, tranquila y rodeada de árboles, está en la colina (correcta).

Había llegado Pedro con todos sus amigos (correcta).

La casa de Pedro, como te dije, está en la colina (correcta).

2 EL PUNTO Y COMA

El punto y coma (;) se emplea en el texto para indicar una pausa mayor que la que marca la coma e inferior a la indicada por el punto.

Sus usos son los que se describen a continuación. Como se verá, en la mayoría de los casos el punto y coma y el punto son signos equivalentes.

1. Debe utilizarse el punto y coma para delimitar los miembros de una *enumeración* cuando las frases son largas y ya incluyen en su interior alguna coma.

EJEMPLO:

En su paseo por la ciudad vio mujeres y hombres que corrían hacia sus lugares de trabajo, con la cabeza agachada, sin fijarse en nadie ni en nada; automóviles que pasaban a toda velocidad, apurando los semáforos; comercios que, a aquella temprana hora, comenzaban a iluminar sus escaparates y a abrir sus puertas; y niños que, a pesar del frío que hacía, iban hablando y riendo camino del colegio.

2. Se separan, asimismo, por medio del punto y coma las *oraciones yuxtapuestas* largas y complejas que ya llevan alguna coma en su interior.

EJEMPLO:

Cuando entró en casa, Juan cerró la puerta con fuerza, haciendo mucho ruido; su madre, sobresaltada, le reprochó su falta de delicadeza y le dijo que, si había despertado a su hermano pequeño, recibiría un castigo.

RECUERDA:

Cuando las oraciones yuxtapuestas son breves se puede usar tanto el punto y coma como el punto; dependerá del grado de conexión que el autor del texto quiera dar a sus contenidos.

EJEMPLOS:

[…] Le previne que yo no sabía bailar; me contestó que el baile se aprende fácil.

Jorge Luis Borges, *El libro de arena.*

El viajero se lava en el zaguán, en una palangana colocada en una silla de enea. Un niño llora sin demasiadas ganas. Las gallinas empiezan a recogerse. Un perro escuálido husmea los pies del viajero.

Camilo José Cela, *Viaje a la Alcarria.*

3. En las *oraciones coordinadas,* dependiendo del grado de conexión que desee lograr el autor, puede emplearse el punto y coma e, incluso, el punto en lugar de la coma.

EJEMPLOS:

[…] Veo nuestra casa descolorida y arruinada, pero fresca bajo los almendros; y siento desde aquí como si nunca hubiera estado dentro de esa frescura verde y cordial […].

Gabriel García Márquez, *La hojarasca.*

Había nacido en Inglaterra; pero pasó la mayor parte de su vida en Estados Unidos.

Florentino Ariza sintió que las tripas se le llenaban de una espuma fría. Pero la voz no le tembló, porque también él se sintió iluminado por el Espíritu Santo.

Gabriel García Márquez, *El amor en los tiempos del cólera.*

[…] De modo que el corazón se le detiene cuando ve un coche semejante al de él; o cuando oye, a través de la televisión de cualquier bar, la canción que escucharon juntos una tarde; o cuando huele, en un peatón casual con el que se cruza (tal vez un gordo horrible con la nariz peluda), la estela inconfundible de la misma colonia que él usaba.

Rosa Montero, *La hija del caníbal.*

De repente, dejé de atender. O me di cuenta de repente de que había dejado de atender.

Antonio Gala, *El corazón tardío.*

---

4. Si se emplean enlaces discursivos como *sin embargo, no obstante, por tanto, por consiguiente, o sea, es decir, en primer lugar, asimismo, por ejemplo, pues bien, de ahí, de aquí, ahora bien, además, más aún, en conclusión,* etc., para relacionar oraciones, éstas deben separarse por medio de un punto y coma o de un punto. Además, recuerda que estos elementos tienen que ir seguidos de una coma.

EJEMPLOS:

Algunos partidos políticos creen que el proceso electoral no se efectuará con garantías; por consiguiente, han pedido a diversos gobiernos occidentales que envíen observadores.

Suponía un motivo de orgullo oír de su boca la confirmación periódica de la próxima maternidad. No obstante, a los ocho meses de embarazo, el doctor formuló una pregunta enfadosa: ¿Están vuestras mercedes seguras de haber llevado bien las cuentas?

Miguel Delibes, *El hereje.*

Me consideran un personaje influyente y poderoso, aunque se trate de asuntos bien distintos. Detesto, por ejemplo, obligar a otro a hacer lo que no quiera.

Nativel Preciado, *El egoísta.*

EJERCICIO 27

Puntúa las siguientes oraciones.

1. Sus obras se han traducido a dieciséis idiomas sin embargo siguen sin ser conocidas por el gran público.

2. El congreso se inaugurará la próxima semana en él especialistas en la obra del escritor analizarán diversas facetas de sus creaciones hablarán asimismo de su influencia en otros autores contemporáneos.

3. No comprendemos muy bien en qué consiste el efecto 2000 es decir el efecto que tuvo en los ordenadores el cambio de siglo.

4. Dijo que pronto te devolverá todo el dinero y lo hará.

5. El rápido desarrollo del juego ha traído una gran prosperidad a la región no obstante también ha provocado serios problemas derivados de la rivalidad de los distintos grupos mafiosos.

6. Fue al cine no le gustó la película volvió a su casa malhumorado.

7. Ha preparado una sala de su casa para organizar veladas musicales ha comprado un impresionante piano y espera conseguir que algunos intérpretes de cierto renombre acepten tocar para sus distinguidos invitados.

EJERCICIO 28

Puntúa este texto.

Todos parecían estar disfrutando enormemente de la fiesta los jóvenes que reunidos en pequeños grupos charlaban y reían las parejas que bailaban a los sones de aquella magnífica orquesta traída desde muy lejos por los anfitriones quienes no repararon en gastos las señoras que vestidas con costosos trajes y adornadas con valiosas joyas felicitaban tan pronto como se les presentaba la oportunidad a los dueños de la casa y también los caballeros incluso los que tenían que abandonar el impresionante salón y salir a la terraza a pesar del frío que hacía aquella noche para fumar algún cigarrillo.

3 LOS DOS PUNTOS

Los dos puntos (:) se emplean en el texto para llamar la atención del lector sobre lo que sigue. Este signo de puntuación se utiliza en los siguientes casos:

1. Para dar paso a una cita textual, que ha de empezar en mayúscula e ir entre comillas.

EJEMPLOS:

La duquesa Irina había insistido mucho, acaso con exceso: "Este juego, en mi opinión, no es enteramente normal".

Antonio Gala, *El corazón tardío.*

Richard, arrodillado junto a Diana, levantó los brazos y dijo: "¡No disparen!".

Gabriel García Márquez, *Noticia de un secuestro.*

2. Antes de una enumeración previamente anunciada en el discurso.

EJEMPLO:

[...] Se levantaba con los primeros gallos, y a esa hora empezaba a tomar sus medicinas secretas: bromuro de potasio para levantarse el ánimo, salicilatos para los dolores de los huesos en tiempos de lluvia, gotas de cornezuelo de centeno para los vahídos, belladona para el buen dormir.

Gabriel García Márquez, *El amor en los tiempos del cólera.*

3. Después de una enumeración, cuando ésta va seguida de un elemento que la resume.

EJEMPLO:

Respirar aire sin contaminar, hacer ejercicio físico, eliminar las tensiones acumuladas durante la semana: éstos son los beneficios que aporta una buena caminata por el campo.

4. Para indicar que una oración es la conclusión o resumen de la oración anterior.

EJEMPLO:

[...] Lo cierto es que Minelli fue un buen tipo que cumplió su palabra y siempre miró para otro lado en el asunto del contrabando. Él, por tanto, también cumplió su parte del trato: no hizo preguntas.

Carmen Posadas, *Pequeñas infamias.*

5. Para indicar que una oración es la explicación de la oración anterior.

EJEMPLOS:

Su familia cree que María tiene algo de bruja: muchas veces parece adivinar lo que va a pasar.

No tiene muchos amigos ni se lleva bien con los compañeros de trabajo: su carácter es muy difícil.

6. Como recurso estilístico, en sustitución de la coma, detrás de elementos como *ahora bien, más aún, en conclusión, es decir, esto es, o sea, pues bien, por ejemplo.*

EJEMPLOS:

[...] Si hubiera contado con el consentimiento de Fermina Daza, ninguna ocasión hubiera sido más propicia. Más aún: después de lo que habían hablado en aquel almuerzo histórico, el formalismo de la solicitud salía sobrando.

Gabriel García Márquez, *El amor en los tiempos del cólera.*

Tiene muchas aficiones que le ayudan a llenar su tiempo libre; por ejemplo: le gusta hacer excursiones por la montaña.

Se ha intentado conectar de diversas maneras con la sonda enviada a Marte. Pues bien: no se ha conseguido.

7. Los dos puntos pueden emplearse en sustitución de la conjunción subordinante *(por lo tanto, así que, porque,* etc.), para establecer una relación de causa-efecto entre dos oraciones.

EJEMPLOS:

Han surgido algunos problemas en su familia: no podrá ir de viaje.

[...] los gringos, ya se sabe, son racionales para estas cosas: jamás situarían el dispositivo de seguridad en un lugar difícil de encontrar.

Carmen Posadas, *Pequeñas infamias.*

Tenemos que olvidarnos de comprar un coche nuevo: la reparación de la casa ha acabado con todo el dinero que teníamos ahorrado.

[...] Para el recorrido que me proponía hacer, los dólares que llevaba conmigo no eran bastantes, y sabía que en muchos lugares de África las tarjetas de crédito no sirven para casi nada: la gente mira con desconfianza esos plásticos brillantes que para ellos son como papel mojado.

Javier Reverte, *Vagabundo en África.*

8. Debe emplearse este signo de puntuación, y no la coma, tras las fórmulas de saludo en las cartas y documentos.

EJEMPLO:

Estimado colega:

Le envío los libros que me solicitó hace unos días a través del correo electrónico.

9. En las instancias, los certificados y otros textos jurídicos y administrativos, se ponen dos puntos detrás del verbo que presenta el objetivo principal del documento.

EJEMPLOS:

CERTIFICA:

Que D. Luis Ortiz Gómez ha asistido al curso de Programación en Visual Basic impartido en esta escuela durante los meses de marzo y abril del presente año.

EXPONE:

Que habiendo solicitado al Ayuntamiento un permiso de edificación [...].

EJERCICIO 29

Puntúa las siguientes oraciones.

1. Dos años después de su inicio podemos decir que el plan ha sido un éxito ha disminuido considerablemente el porcentaje de adultos sin alfabetizar.

2. Colas interminables largas esperas y un calor insoportable todo eso han padecido los que querían una entrada para el concierto de esta noche.

3. El barco tenía el mástil roto una vía de agua y un motor averiado en conclusión los tripulantes tuvieron que lanzar una llamada de socorro.

4. Antes de marcharse le dijo te escribiré tan pronto como el barco llegue a puerto.

5. La novela trata de temas universales el amor los celos o la muerte.

6. No le gustan el bullicio y las incomodidades de la ciudad se ha ido a vivir al campo.

7. Podemos estar tranquilos hemos cumplido con nuestra obligación.

8. Conseguimos un autógrafo del protagonista de la película ha sido un día muy emocionante.

9. El presidente de la compañía reconoció que sabía desde hace ya cierto tiempo que faltaba dinero ahora bien no quiso dar explicaciones de ningún tipo.

10. Recientemente ha salido al mercado un nuevo programa que permite compartir fotos a través de Internet los aficionados a la fotografía están de enhorabuena.

11. Si el alcalde sigue así no esperarán a que se acabe la presente legislatura es decir lo echarán antes.

12. Las aplicaciones de la cremallera no se han quedado en la vestimenta la industria de la alimentación y la industria farmacéutica la emplean en sus envases la del automóvil en sus productos.

13. El administrador le dijo francamente no sé qué se puede hacer para salvar la finca hay demasiadas deudas.

4 EL PUNTO

El punto (.) señala la pausa que se produce al final de la oración o de un texto. Hay tres tipos de puntos y cada uno de ellos interviene en una etapa diferente de la organización del texto.

1. El *punto final* se emplea una vez que el texto —cualquiera que sea su extensión— llega a su fin.

EJEMPLO:

El receptor percibe los distintos signos del texto, oral o escrito, sucesivamente; esto es, uno tras otro.

2. El *punto y aparte* se emplea para delimitar los grupos de oraciones que forman los distintos párrafos. Después del punto y aparte se escribe en una línea distinta. La primera palabra del nuevo párrafo tiene que estar obligatoriamente sangrada (la línea comienza más a la derecha que el resto de los renglones) y en mayúscula.

EJEMPLO:

Intentó telefonear al hospital, pero la centralita no respondía a las llamadas. Claro, por supuesto, en una noche de fiesta como ésa. Se hizo una tortilla a la francesa, probó dos bocados, telefoneó de nuevo inútilmente. A eso de las doce no pudo resistirlo por más tiempo y decidió ir allá.

La clínica era antigua, destartalada y laberíntica. No había nadie en la puerta, aunque un pequeño transistor sobre la mesa daba fe de la presencia de algún vigilante en el edificio.

Rosa Montero, *La hija del caníbal.*

3. El *punto y seguido* se utiliza para separar las distintas oraciones que forman un párrafo. En este caso, después del punto se continúa escribiendo en la misma línea y la primera palabra del nuevo enunciado debe estar en mayúscula.

EJEMPLOS:

[...] Aquella noche, mientras dormía, el lamento de aquel mendigo se repetía pertinaz en mis oídos. Aún no he olvidado su soniquete.

Javier Reverte, *Vagabundo en África*.

Yo no tengo hijos. Quiero decir con esto que sigo siendo hija y sólo hija, que no he dado el paso habitual que suelen dar los hombres y las mujeres, las yeguas y los caballos, los carneros y las ovejas, los pajaritos y las pajaritas, como diría yo misma en mis abominables cuentos infantiles.

Rosa Montero, *La hija del caníbal*.

4. Se emplea generalmente el punto después de las abreviaturas.

EJEMPLOS:

Sra., Sr., Ilmo., admón., apto., etc.

RECUERDA:

En español el punto puede ir, si es necesario, detrás de las comillas, los paréntesis o los corchetes, pero nunca se pone después de los signos de interrogación o exclamación.

EJEMPLOS:

Me dijo: "No volverás a salir nunca más con ese chico".

Pero ¿cómo quieres que tenga el trabajo para mañana?

EJERCICIO 30

Puntúa correctamente las siguientes oraciones.

1. Hubo muchas dudas acerca de su rendimiento cuando fichó por el equipo sin embargo él siempre tuvo confianza en sí mismo

2. No sabe cómo se encuentra su familia un terrible huracán ha interrumpido las comunicaciones

3. Juan tiene que marcharse del país y su mujer quiere irse con él

4. Era de noche los termómetros marcaban una elevada temperatura las terrazas de los bares estaban llenas de gente que intentaba aliviar el calor tomando helados y bebidas frescas no había habido una noche tan calurosa como ésta desde hacía mucho tiempo

5. Se llamaba Andrés había llegado a la ciudad buscando una vida mejor sin embargo aún no había tenido suerte

6. Se sentó en el sofá cogió un libro pero los nervios no le permitieron concentrarse en la lectura

7. La Sra María Rodríguez es funcionaria del Ministerio de Economía y Hacienda

5 LOS SIGNOS DE INTERROGACIÓN

Los signos de interrogación (¿?) sirven para indicar que la oración que encierran es una pregunta *(oración interrogativa directa)*. En español, al contrario de lo que sucede en otras lenguas, los signos de interrogación que deben emplearse son dos: uno de apertura (¿) y otro de cierre (?).

RECUERDA:

Tras el signo de interrogación de cierre no puede ponerse un punto. Cuando los signos de interrogación encierran un enunciado independiente, el signo de cierre actúa como un punto y, por tanto, la oración que se escribe a continuación debe comenzar con mayúscula.

EJEMPLO:

¿Qué novedades traerá el próximo siglo? Nadie lo sabe con certeza.

1. Cuando se escriben varias preguntas seguidas, el autor del texto puede considerarlas como enunciados independientes con sus respectivos signos de apertura y de cierre, y con la primera palabra de cada una de ellas en mayúscula. Si se trata de preguntas breves, puede presentarlas como oraciones que forman parte del mismo enunciado. En este último caso, también llevan sus respectivos signos de interrogación y deben separarse por coma o por punto y coma, y solamente se escribirá en mayúscula la palabra inicial de la primera de ellas.

EJEMPLOS:

¿Se hallaba convencido Hans de que había atinado en la solución del problema? ¿Estaba seguro de que el problema había sido abordado? ¿Estaba seguro siquiera de que hubiese un problema?

Antonio Gala, *El corazón tardío.*

¿Quién o quiénes lo hicieron?, ¿cuál pudo haber sido el móvil?, ¿tenía la víctima algún enemigo? Éstas son, entre otras, las preguntas para las que la policía debía hallar una respuesta.

Son muchas las cuestiones que quedan por resolver: ¿Qué institución financiará la obra?; ¿cuál será su impacto sobre el medio ambiente?; ¿durante cuánto tiempo estará en ejecución?

2. Tanto los vocativos como las oraciones subordinadas que van precediendo a la oración principal quedan fuera de la interrogación. Los vocativos pospuestos van dentro de la interrogación.

EJEMPLOS:

Señores, ¿quién puede saber mejor que nosotros mismos lo que nos conviene?

Cuando comience la nueva temporada de teatro, ¿podremos ver obras de calidad?

¿Quién pagará estas copas, amigos?

3. Puede emplearse el signo de interrogación de cierre entre paréntesis para indicar duda, incredulidad o ironía.

EJEMPLO:

El portavoz del Gobierno ha asegurado a los medios de comunicación que ningún miembro de su partido se ha beneficiado de los fondos reservados (?).

EJERCICIO 31

Puntúa estas oraciones.

1. Al acercarse a un nuevo milenio debemos plantearnos algunas cuestiones es necesario establecer metas más ambiciosas en la búsqueda de un mundo mejor es hora de empezar a preocuparse no de la prosperidad de unos pocos sino de las necesidades de la mayoría

2. Caballero puede decirme qué hora es

3. Si ella te lo pide podrías ayudarla con el trabajo de matemáticas

4. Hay muchas cosas que aún no sabemos acerca de la asamblea de mañana a qué hora será en qué edificio se celebrará será meramente informativa o habrá que votar

5. Qué harás cuando se te acabe el contrato

6. Puede poner eso ahí Carmen

7. El presidente ha amenazado a sus enemigos haciendo una exhibición de su arsenal

6 LOS SIGNOS DE EXCLAMACIÓN

Los signos de exclamación (¡!) se emplean para indicar que los elementos que encierran expresan alegría, sorpresa, enfado, etc.

> **RECUERDA**
>
> Al igual que ocurre con los signos de interrogación, las *oraciones exclamativas* deben escribirse precedidas del signo de apertura (¡) y seguidas del signo de cierre (!). Asimismo, no es posible emplear un punto detrás de este último.

EJEMPLO:

¡Esto es increíble!

1. Cuando se escriben varias exclamaciones seguidas, el autor del texto tiene dos opciones. Primero, considerarlas como enunciados independientes con sus respectivos signos de apertura y de cierre, y con la primera palabra de cada una de ellas en mayúscula. Segundo, sobre todo si se trata de exclamaciones breves, presentarlas como oraciones que forman parte del mismo enunciado. En este último caso también llevan sus respectivos signos de admiración y deben separarse por coma o por punto y coma, y solamente se escribirá en mayúscula la palabra inicial de la primera de ellas.

EJEMPLOS:

¡Creías que todo sería más fácil! ¡Creías que nadie se daría cuenta de tus verdaderas intenciones! ¡Creías que eras más listo que los demás! Pues bien, ya has visto que estabas equivocado.

¡No seas curioso!; ¡apártate de esa ventana inmediatamente!

2. Tanto los vocativos como las oraciones subordinadas que van precediendo a la oración principal quedan fuera de la exclamación. Los vocativos pospuestos van dentro de la exclamación.

EJEMPLOS:

Chico, ¡deja eso ahora mismo!

¡Deja eso ahora mismo, chico!

Si hacemos caso de las predicciones que hacen algunos, ¡cómo podremos acoger con alegría el inicio de un nuevo siglo!

3. El signo de cierre entre paréntesis añade al texto un matiz de sorpresa o de ironía.

EJEMPLOS:

El físico galardonado no quiso recoger el Nobel (!).

Se ha descubierto que el fraude (!) también puede afectar a las patentes registradas para la fabricación de algunos medicamentos básicos.

EJERCICIO 32

Emplea los signos de exclamación en las siguientes oraciones.

1. No me digas eso no quiero saber nada prefiero vivir tranquila

2. Cómo es posible que aún pasen estas cosas en el mundo en que vivimos es que las personas vamos a ser siempre incapaces de vivir en paz y en armonía con los que nos rodean cómo podemos permitir que se lesionen así los derechos de una minoría

3. Cuando terminen los exámenes voy a hacer una gran fiesta

4. Señor no tire basura a la calle

5. Lo haré para que me dejes tranquila de una vez

6. Quítate de ahí niño

7. Se está empezando a sospechar que el Gobierno busca en los conflictos externos una excusa para no afrontar los problemas internos

7 LOS PARÉNTESIS

Los paréntesis ( ) son signos que indican que los elementos que encierran son meras aclaraciones o explicaciones. Se emplean en los siguientes casos:

1. Cuando se introduce alguna explicación o aclaración que tiene una escasa conexión sintáctica con lo anterior o con lo posterior.

EJEMPLOS:

Durante todo el día, miles de *lo foo gei* (vocablo chino para designar las máquinas tragaperras) hacen sonar su repiqueteo mecánico.

Un marcado sabor rural (cosa, por otra parte, frecuente en todas las celebraciones que tienen lugar en esta zona del país) impregna las fiestas de invierno.

2. Cuando se desea hacer algún tipo de precisión o aclaración sobre una fecha, un lugar, el desarrollo de unas siglas, el autor de una obra citada, etc.

EJEMPLOS:

La ONU (Organización de las Naciones Unidas) celebra durante estos días su Asamblea General.

Hemos visitado Granada y León (Nicaragua).

La primera ascensión al Matterhorn (13 de julio de 1865) se saldó con la muerte de cuatro personas.

Cien años de soledad (Gabriel García Márquez) es una de las obras en lengua española más leídas.

3. Se puede escribir entre paréntesis cualquier comentario que sirva para expresar lo que piensa el autor sobre lo que está escribiendo.

EJEMPLOS:

Más fotos de muchachotes vivaces, algunos con pantalón a media rodillas como los que usaban los escolares cuando él daba sus clases de piano, muchas décadas atrás, poco antes de refugiarse para siempre en los amores (y los dineros) de Nora.

Carmen Posadas, *Pequeñas infamias.*

El alcalde de la ciudad se muestra incapaz (una vez más) de resolver los problemas del abastecimiento de agua.

4. Los paréntesis encierran las notas que el autor pone en la obra teatral para explicar todo lo relacionado con la acción de los personajes, con sus movimientos y con el escenario *(acotaciones).*

EJEMPLO:

EL PADRE: *(Musita, mientras abre un cajón.)* Éstos tienen que aguardar en la sala de espera. *(Deja los monigotes y devuelve el contenido del cajón, sacando un par de postales.)* Recortaré a esta linda señorita. *(Canturrea, mientras vuelve a la mesa.)*

Antonio Buero Vallejo, *El tragaluz.*

5. Cuando se cita textualmente una obra y se quiere indicar que se ha omitido una parte, se ponen tres puntos suspensivos entre paréntesis.

EJEMPLO:

—Es que tú eres como el eje del compás —le dice mirándolo a los ojos (…); sí, como el eje del compás: te afianzas en un punto (…) y nos marcas a todos (…) la distancia.

Gregorio Salvador, *El eje del compás.*

RECUERDA:

El texto entre paréntesis puede ir seguido de coma, de punto y coma o de punto, pero estos signos siempre se colocarán después del paréntesis de cierre. Cuando el texto entre paréntesis constituye un enunciado independiente, el punto va dentro de los paréntesis.

EJEMPLOS:

Víctor, el hermano de Pilar (una chica excelente, por cierto), se ha trasladado a Alemania.

Los dirigentes de algunas sectas (aunque parezca increíble, se sabe que, en efecto, es así) amenazan de muerte a aquellos miembros que muestran su deseo de abandonarlas.

EJERCICIO 33

Emplea los paréntesis que consideres necesarios.

1. Ese escritor Chicago 1943 es uno de los mejores de su generación.
2. El pianista nació en Cundinamarca Colombia.
3. El FMI Fondo Monetario Internacional ha presentado hoy sus previsiones para los próximos cinco años.
4. Las tríadas sociedades secretas chinas controlan la emigración ilegal en el país.
5. Su padre y lo mismo había hecho su abuelo hacía ya bastantes años se jubiló a los 65 años.
6. El descubrimiento de América 1492 ocasionó un profundo cambio en el mundo de la época.
7. Ayer apareció el cadáver era lo que todos temíamos del niño cuya desaparición fue denunciada por sus familiares hace una semana.

8 LOS CORCHETES

El uso de los corchetes [ ] es similar al de los paréntesis: sirven para marcar en el texto una precisión o aclaración. Los casos en que se emplean los corchetes son los siguientes:

1. Cuando es necesario añadir alguna precisión o aclaración dentro de la parte de texto que va entre paréntesis.

EJEMPLO:

> Tegucigalpa (capital de Honduras [Centroamérica]) se encuentra emplazada en un valle.

2. En las transcripciones de textos, se emplean los corchetes para añadir elementos que faltan y que se presuponen.

EJEMPLO:

> Corresponde también a este tiempo [el futuro hipotético] la expresión de la *probabilidad* referida al pasado o al futuro: *serían las diez* (probablemente eran); *tendría entonces cincuenta años* (aproximadamente los tenía); *me gustaría verle otra vez* (probabilidad o posibilidad futura); *sería sorprendente que mañana se presentase en casa* (íd. íd.).
>
> Samuel Gili Gaya, *Curso superior de sintaxis española*.

EJERCICIO 34

Utiliza los signos de puntuación que creas necesarios.

1. Sus padres nacieron en un pueblo de Gran Canaria Islas Canarias archipiélago perteneciente al territorio español a comienzos del siglo pasado.

2. La entrega de premios se celebrará este año en el teatro Lope de Vega Sevilla España.

3. «Guagua» es un vocablo quechua lengua de los indígenas pertenecientes al imperio incaico Perú que significa 'niño de pecho'.

4. *El tragaluz* se estrenó en el teatro Bellas Artes Madrid España en 1967.

9 LOS PUNTOS SUSPENSIVOS

Los puntos suspensivos (…), que han de ser tres y no se pueden poner ni antes ni después de *etcétera (etc.),* sirven para indicar que la oración se ha interrumpido. Cuando cierran una oración, la primera palabra de la siguiente se escribe con mayúscula.

EJEMPLOS:

Pues la madre de Carmen, mi amiga, […] debe de ser una mala mujer porque lleva unas uñas…

Rosa Regás, *Luna lunera.*

[…] sostuvo esa barbilla blanda, ligeramente hendida, tan similar a la de la mujer cuyo retrato colgaba en el despacho… No quería saber. No quería seriamente saber… La angustia de Helmut fue remitiendo por sí sola.

Antonio Gala, *El corazón tardío.*

1. Pueden aparecer al final de las enumeraciones incompletas. En estos casos equivalen a la palabra *etcétera (etc.).*

EJEMPLO:

[…] Todas aquellas reliquias tapaban los libros científicos, las historias clínicas, las revistas de consulta…

Nativel Preciado, *El egoísta.*

2. Se utilizan para indicar que ha habido un momento de duda o de vacilación.

EJEMPLO:

Yo no creo haber hecho nada malo esta mañana… Me parecieron todos muy nerviosos.

Antonio Gala, *El corazón tardío.*

RECUERDA:

Tras los puntos suspensivos no puede ponerse punto; por el contrario, sí es posible escribir cualquier otro signo de puntuación.

Por otra parte, los puntos suspensivos van detrás o delante del signo de cierre de la interrogación o de la exclamación según pertenezcan al enunciado general o a la oración delimitada por estos signos.

EJEMPLOS:

A su padre le gustan los coches, las motos, los aviones...; a él, los animales.

¿Quieres salir...?, ¿quieres quedarte?; ¿quieres hablar y desahogarte conmigo?... Dime qué quieres hacer, por favor.

EJERCICIO 35

Emplea los puntos suspensivos en estas oraciones.

1. No sé me parece que aquí no hay nadie

2. Si algún día tengo mucho dinero me compraré una casa un coche un caballo

3. Vendrán Juan Pedro Ramón y no sé si alguien más

4. Quiso dejar de verla pero no pudo

5. No cae bien a sus compañeros porque tiene una actitud

6. No sé lo que pareces con ese vestido

10 LAS COMILLAS

En español se emplean diferentes tipos de comillas: las dobles —las *angulares*, *latinas* o *españolas* (« ») y las *inglesas* (" ")— y las simples (' '). La elección de uno u otro tipo es, por lo general, una cuestión personal, pero suelen alternarse cuando hay que utilizarlas en el interior de un texto ya entrecomillado.

1. Las *comillas dobles* se utilizan para indicar que el texto que encierran es una cita textual.

EJEMPLO:

Allá delante, de pie, el conductor charloteaba con la gente, debajo de un letrero que decía: «Se prohíbe hablar con el conductor».

Antonio Gala, *El corazón tardío.*

2. Indican que una palabra es vulgar o extranjera, que no está siendo empleada adecuadamente o que se utiliza con un sentido especial.

EJEMPLOS:

Rubén lleva veinte años «haciendo» la Panamericana de San Miguel a San Salvador y viceversa.

Manuel Leguineche, *Sobre el volcán.*

Se levantó muy agitada y diciendo que había tenido una «promonición».

Compraron para su nueva casa un carísimo «bureau».

3. Se emplean también para citar títulos de artículos, poemas, cuentos, etc.

EJEMPLO:

«Reyerta» es uno de los poemas de *Romancero gitano,* de García Lorca.

4. Para indicar que en un texto se está hablando de una palabra en particular, ésta se escribe entre comillas.

EJEMPLO:

Según explican algunas gramáticas, «ser» atribuye cualidades consideradas como permanentes.

5. Habitualmente se utilizan las *comillas inglesas* (" ") cuando es necesario volver a poner comillas en el interior de un texto ya entrecomillado.

EJEMPLO:

«Lleva apenas un mes en la ciudad y todo ha cambiado en esta casa desde que él llegó [...]. Se me escarnece, se me desprecia, se me abandona con crueldad al otro lado de un periódico desplegado. Parece que ésta es la bandera enemiga. Ante mis acusaciones, por toda respuesta, mi marido susurra: "Pero si a todo el mundo le cae simpático". Como si serle simpático a todo el mundo no fuera la prueba más evidente de una naturaleza viciada y acomodaticia [...].»

Antonio Gala, *El corazón tardío.*

RECUERDA:

Los signos de puntuación correspondientes al enunciado en que va inserto el texto entre comillas se ponen después de éstas. Si la oración que se escribe entre comillas es interrogativa o exclamativa, los signos de interrogación o exclamación se ponen dentro de las comillas.

Cuando el texto entre comillas constituye un enunciado independiente, el punto va dentro de las comillas.

EJEMPLOS:

Esta cuestión, el «leísmo», ha suscitado discusiones desde hace mucho tiempo entre los gramáticos españoles.

«¡Qué día tan maravilloso!», dijo.

«¿Dónde está mi mamá?», preguntaba la niña con los ojos llenos de lágrimas.

EJEMPLO:

La «pava», 'tetera que se emplea para el mate', es un utensilio muy utilizado en Argentina.

EJERCICIO 36

Utiliza las comillas en las siguientes oraciones.

1. La intérprete dijo la actual afición al tango supone una vuelta al gusto por lo sensual.
2. La rumorología es una actividad propia de personas ociosas.
3. Siempre dice intérvalo en lugar de intervalo.
4. Curiosamente en el programa del último congreso aparecía la palabra breaktime.
5. A expresa fundamentalmente la idea de movimiento material o figurado.
6. Usamos la palabra emoción en su sentido rigurosamente psicológico de complejo afectivo.
7. Hacia los conceptos de lengua dialecto y hablas es el título de un interesante artículo escrito por Manuel Alvar.
8. En su discurso el ministro dijo la cultura en todas sus manifestaciones es la más importante herencia que podemos dejar a nuestros hijos es en palabras del filósofo la memoria de una época ya pasada.
9. El director del periódico dijo a las cadenas de televisión presentes todos tenemos la obligación de procurar que la libertad de expresión goce de buena salud porque como ya explicó alguien amordazar la libertad de expresión puede ser peligroso.
10. Las fábulas relatos alegóricos generalmente acaban con una moraleja.
11. En sentido figurado se llama arpía ser fabuloso con rostro de mujer y cuerpo de ave de rapiña a la persona codiciosa.

11 LA RAYA

La raya (—) se puede emplear aisladamente o como signo de apertura y de cierre para delimitar tanto elementos dentro de una oración como oraciones.

Este signo se emplea con las siguientes funciones:

1. Para encerrar *aposiciones explicativas* que incluyen alguna coma en su interior.

EJEMPLOS:

Algunos amigos —Juan, Pedro, Antonio e, incluso, el hermano pequeño de éste— nos ayudaron a trasladar todos los muebles a la casa nueva.

Muchos productos naturales —el aceite de oliva, por ejemplo— previenen el colesterol.

2. A veces sustituye a las comas que delimitan las construcciones empleadas para indicar la fuente de la que procede lo que se dice (mención del autor, la obra, etc.). La sustitución tan sólo se puede hacer cuando esta construcción se encuentra en el interior del enunciado.

EJEMPLOS:

La política —escribe un famoso periodista— no es una actividad apropiada para intelectuales inseguros.

La lengua —dice el *Curso de lingüística general*— no es una nomenclatura.

3. Se utiliza una sola raya para señalar cada una de las intervenciones de un diálogo.

EJEMPLO:

[...] La otra noche, sin embargo, pasadas las doce, Baltasar se empeñó en que le tomara la tensión.

—Telma, tengo taquicardia, te lo ruego, déjame subir.

—Lo que tienes es exceso de copas. Vete a dormir, ya verás qué pronto se te pasa.

—Te lo suplico, Telma, no me puedo ir así.

—No, Baltasar, no estropees la noche.

Nativel Preciado, *El egoísta.*

4. Se emplea también una sola raya en los diálogos para indicar los comentarios que hace el narrador a propósito de la intervención de un personaje al final de ésta.

EJEMPLO:

—Si te gusta puedes llevártela, como recuerdo de un amigo futuro —dijo con palabra tranquila.

Jorge Luis Borges, *El libro de arena.*

5. Se encierran entre rayas las palabras del narrador que interrumpen la intervención de un personaje.

EJEMPLO:

—Está bien —le dijo una tarde—, yo le cedo el transporte y la venta de mis vellones y vuesa merced firma conmigo una comandita para explotar el conejo para zamarras y ropillas forradas.

Miguel Delibes, *El hereje.*

EJERCICIO 37

Emplea la raya en las siguientes oraciones.

1. Tres cosas salud dinero y amor queremos tener todos.

2. Ese diplomático según el periódico de ayer pertenece al servicio de inteligencia de su país.

3. Los grandes centros financieros la City de Londres o Wall Street por ejemplo necesitan los mejores cerebros de todo el mundo.

4. La cremallera lleva dentro tres cuñas una triangular la superior y dos curvadas las inferiores que tienen la misión de separar o de unir los dientes.

EJERCICIO 38

Puntúa los siguientes fragmentos de diálogos de la obra *Cien años de soledad*, de García Márquez, teniendo en cuenta el uso de la raya en los diálogos.

I. [...] Ella no interrumpió su labor. Esperó a que pasara el caliente rubor de sus orejas e imprimió a su voz un sereno énfasis de madurez.

Por supuesto, Crespi dijo pero cuando uno se conozca mejor nunca es bueno precipitar las cosas.

II. [...] Don Apolinar Moscote tuvo dificultades para identificar aquel conspirador de botas altas y fusil terciado a la espalda con quien había jugado dominó hasta las nueve de la noche.

Esto es un disparate Aurelito exclamó.

Ningún disparate dijo Aureliano es la guerra y no me vuelva a decir Aurelito que ya soy el coronel Aureliano Buendía.

III. [...] Arcadio examinó con una mirada de conmiseración a aquel extraño mensajero que podría haberse confundido con una abuela fugitiva.

Usted por supuesto trae algún papel escrito dijo.

Por supuesto contestó el emisario no lo traigo es fácil comprender que en las actuales circunstancias no se lleve encima nada comprometedor.

12 EL GUIÓN

El guión (-) es un signo ortográfico de menor longitud que la raya y, a diferencia de ésta, no se escribe entre espacios en blanco. Se emplea fundamentalmente cuando hay que hacer divisiones en el interior de una palabra.

1. Se utiliza el guión para separar los componentes de ciertas palabras compuestas que no están completamente consolidadas.

EJEMPLOS:

Escribió un tratado teórico-práctico sobre astronomía.

Se han convocado nuevas oposiciones para los cuerpos técnico-administrativos.

Próximamente se firmará un acuerdo de pesca hispano-ruso.

2. Sirve para partir una palabra al final del renglón cuando no cabe en él completa.

EJEMPLO:

Hacía un día espléndido: el sol brillaba en el cielo que no presentaba ni una sola nube; el aire era cálido; la arena brillaba como si estuviera recién lavada; el mar aparecía ante nuestros ojos transparente y tranquilo. Todo invitaba a pasar el día en la playa.

Las reglas para separar las palabras al final de renglón son las siguientes:

a) El guión debe separar las palabras por sílabas:
   ca-mio-ne-ta, siem-pre

b) Las palabras extranjeras deben separarse según las reglas ortográficas de su lengua:
   bu-reau

c) Cuando en la palabra que debe partirse hay dos o tres vocales seguidas, éstas no pueden separarse al final del renglón aunque formen parte de sílabas distintas:

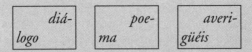

| diá-logo | poe-ma | averi-güéis |

Las palabras compuestas constituyen una excepción a esta regla, pues pueden separarse las vocales si forman parte de elementos distintos del compuesto:

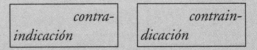

| contra-indicación | contrain-dicación |

d) Cuando la primera sílaba de una palabras está formada por una vocal, ésta no puede quedar sola al final del renglón:

alu-des, aro-ma

Sí puede separarse cuando a la vocal le precede una *h:*

he-rencia

e) Los dígrafos o letras dobles *(ll, ch, rr)* no pueden separarse con un guión:

ca-lle-jue-la, ca-cha-lo-te, ca-rre-te-ra

f) Si en la palabra hay una *h* precedida de un consonante distinta de *c,* la partición se hará por delante de la *h:*

in-hibición

g) Los grupos consonánticos *bl, cl, fl, gl, kl, pl, br, cr, dr, fr, gr, kr, pr, tr* no pueden separarse. Cuando van precedidos de otra consonante, esta última pertenece a una sílaba distinta:

ca-ble, re-gla, in-tra-ta-ble, des-gra-cia

h) Cuando dos consonantes, exceptuando los grupos anteriores, aparecen juntas en una palabra, pertenecen a sílabas diferentes:

in-ten-to, ac-ción

i) Los grupos *ns, ls, rs, ds, ts* que cierran sílaba no se pueden dividir y la consonante siguiente pertenece a otra sílaba:

ins-titución

j) Cuando hay cuatro consonantes juntas, las dos primeras pertenecen a una sílaba y las dos últimas a la sílaba siguiente:

abs-tracto, ads-crito, cons-treñido

k) Las siglas, los acrónimos y las abreviaturas no pueden dividirse al final del renglón:

UNICEF, ONU

Se admite la división si el acrónimo se ha incorporado plenamente al uso del español:

ra-dar, lá-ser

3. El guión antepuesto a una parte de una palabra indica que ésta va al final (es un *sufijo*): *-ito, -illo, -ico, -ino*. El guión detrás de una parte de una palabra indica que ésta va en posición inicial (es un *prefijo*): *pre-, -des, -re*. Si dicha parte se pone entre guiones significa que va en el interior de la palabra (es un *interfijo*): *-ec-, -in-*.

4. El guión puede sustituir a elementos de unión entre palabras como preposiciones o conjunciones: *relación patrón-obrero, línea de autobuses Madrid-Coslada, siglos XIX-XX.*

EJERCICIO 39

Utiliza los guiones.

1. Las relaciones hispano marroquíes son fundamentales en esta conferencia.

2. Estoy recibiendo lecciones teórico prácticas de cocina.

3. Los personajes de la novela se ven envueltos en una extraña relación amor odio.

4. Su ascendencia luso japonesa está muy presente en sus obras.

5. He comprado un sofá cama y una mesa camilla para el salón comedor de casa.

EJERCICIO 40

Divide en sílabas las siguientes palabras.

destornillador	ambivalente
desahuciar	solsticio
abstracción	cachetada
predecesor	conflagración
hipódromo	gastroenteritis

RECAPITULACIÓN

Para acabar, puntúa los siguientes textos. Recuerda que, en muchos casos, algunos signos son equivalentes, y ten en cuenta los posibles usos por razones estilísticas. No olvides que las marcas ortográficas que estás estudiando han de contribuir a aclarar la estructura sintáctica y el contenido semántico del texto, es decir, a la creación de un mensaje coherente que pueda ser fácilmente comprendido por el destinatario.

I. Cuando has eliminado lo imposible lo que queda aunque sea improbable es la verdad

II. En 1429 Juana una adolescente francesa de 16 años oye la voz de Dios que le dice que es la elegida para liberar a su país y para ayudar al rey Carlos a llegar al trono

III. Serían las diez de la mañana yo estaba recostado en un banco frente al río Charles a unos quinientos metros a mi derecha había un alto edificio cuyo nombre no supe nunca el agua gris acarreaba largos trozos de hielo inevitablemente el río hizo que yo pensara en el tiempo la milenaria imagen de Heráclito yo había dormido bien mi clase de la tarde anterior había logrado, creo, interesar a los alumnos no había un alma a la vista

Jorge Luis Borges, *El libro de arena.*

IV. A las once cuando ya estaban a punto de llegar los invitados era tal el caos en la casa que Fermina Daza reasumió el mando pero no con la actitud triunfal que hubiera querido sino estremecida de compasión por la inutilidad doméstica del esposo él respiró por la herida con el argumento de siempre al menos no me fue tan mal como te iría a ti tratando de curar enfermos pero la lección fue útil y no sólo para él en el curso de los años ambos llegaron por distintos caminos a la conclusión de que no era posible vivir juntos de otro modo ni amarse de otro modo nada en este mundo era más difícil que el amor

Gabriel García Márquez, *El amor en los tiempos del cólera.*

V. Se aferró al esposo y justo en la época en que él la necesitaba más porque iba delante de ella con diez años de desventaja tantaleando solo entre las tinieblas de la vejez y con las desventajas peores de ser hombre y más débil terminaron por conocerse tanto que antes de los treinta años de casados eran como un mismo ser dividido y se sentían incómodos por la frecuencia con que se adivinaban el pensamiento sin proponérselo o por el accidente ridículo de que el uno se anticipara en público a lo que el otro iba a decir

Gabriel García Márquez, *El amor en los tiempos del cólera.*

VI. Manuel tenía los ojos cerrados parecía exhausto respiraba apenas en los párpados inferiores venillas de un verde tierno le daban un aire infantil el labio de arriba prominente se lo marcaba aún más las manos caídas como en el colmo del agotamiento la cabeza inclinada a la derecha con suavidad el cabello negro y sudoroso cubriéndole parte de la cara tenía aspecto de que nunca podría ya descansar del todo

Antonio Gala, *El corazón tardío.*

VII. Mil veces a lo largo de esa noche terrible en casa de los Teldi que ahora estaba a punto de terminar Serafín Tous había vuelto a repetirse lo mismo que de no haber muerto Nora él jamás habría soñado siquiera con entrar en un establecimiento de las características del Nuevo Bachelino entonces nunca habría visto asomar por la puerta de la cocina los bigotes de ese cocinero chismoso tampoco habría llegado a escuchar su conversación con el dueño del local se comportaban como dos antiguos compañeros en el negocio de bares y restaurantes y si no se hubieran visto y él no hubiera reparado en esos bigotes ahora podría estar durmiendo tranquilamente en vez de sufrir los efectos de ese terrible insomnio

Carmen Posadas, *Pequeñas infamias.*

VIII. Quedarse solo qué libertad Dios mío sería un milagro está convencido sin embargo de que le obligará a cargar con ella el resto de sus días aunque afortunadamente no serán muchos ahora recuerda que le prometió amor eterno pensando que esa eternidad no duraría demasiado tiempo

Nativel Preciado, *El egoísta.*

SOLUCIONES

LA COMA

EJERCICIO 1

1. Me parece, Juan, que eso no es así.

2. Señores, cuando quieran, pueden pasar a la sala.

3. No molestes a los niños pequeños, gamberro.

4. Ya es hora, amigos, de tomar una decisión.

5. Suelta esos papeles, chico.

6. Señoras, vamos a comenzar la reunión.

EJERCICIO 2

1. Nostradamus, el profeta del siglo XVI, predijo la llegada de Hitler al poder.

2. El enfermo, obsesivo y compulsivo, recibe tratamiento psiquiátrico / El enfermo obsesivo y compulsivo recibe tratamiento psiquiátrico.

3. El jazz, música individual y espontánea, es difícil de enseñar en las escuelas.

4. Aquella chica, alta y guapa, parece una actriz de cine / Aquella chica alta y guapa parece una actriz de cine.

5. Una mujer, de nacionalidad alemana, se arrojó a la calle desde el balcón de su casa / Una mujer de nacionalidad alemana se arrojó a la calle desde el balcón de su casa.

6. La casa, completamente vacía, tenía un aspecto lúgubre / La casa completamente vacía tenía un aspecto lúgubre.

7. El seísmo, de baja intensidad, no fue notado por los habitantes de la ciudad / El seísmo de baja intensidad no fue notado por los habitantes de la ciudad.

8. La fiesta, animada y ruidosa, continuó hasta la madrugada.

9. El naufragio del Titanic, ocurrido en el mar del Norte en abril de 1912, aún conmueve por su dramatismo.

10. En su casa, que es una coqueta vivienda con vistas al mar, nos reunimos todas las semanas.

11. El barco, que faenaba cerca de la costa, atrapó un delfín en sus redes / El barco que faenaba cerca de la costa atrapó un delfín en sus redes.

12. El escritor, considerado uno de los más grandes del siglo XX, murió la semana pasada.

13. Lohengrin, que simboliza el amor más idealista en medio de las traiciones y las envidias, surca las aguas del río Escalda en una barca llevada por un cisne.

EJERCICIO 3

1. Ese libro es una crónica de la sociedad de principio de siglo, de sus modas, de sus comportamientos y de sus desigualdades.

2. El presidente del Gobierno, el líder de la oposición y un afamado periodista participarán en el debate televisivo.

3. Una rotura de las máquinas paralizó las labores de carga, descarga, recepción y entrega de las mercancías.

4. Este alumno destaca por ser inteligente, serio, responsable.

5. Habita con su padre, su madre, su hermano, y los fantasmas de sus abuelos.

6. El velcro se utiliza en los automóviles, en los suministros médicos o en los equipos militares.

7. En el jardín vio rosas, geranios, grandes árboles, y una escalera que conducía a la galería del piso de arriba.

8. El arte plástico, el cine independiente, la música y los medios de comunicación han conocido la capacidad de este artista para revolucionar lo establecido.

9. Compró una docena de manzanas rojas y maduras, dos docenas de huevos recién traídos de la granja y algunas especias.

EJERCICIO 4

1. Los grupos terroristas pretenden obligar a un país a elegir entre sus pretensiones, o la violencia y el caos.

2. El acto concluyó con el juramento o promesa de los nuevos miembros de la sociedad.

3. Tienes que decidir entre él o yo / Tienes que decidir entre él, o yo.

4. El nuevo técnico o entrenador del equipo ha conseguido mejorar el rendimiento de los jugadores.

5. Le ayudará a cuidar al recién nacido su madre o su hermana.

6. En ocasiones hay que escoger entre el dinero o la tranquilidad / En ocasiones hay que escoger entre el dinero, o la tranquilidad.

EJERCICIO 5

1. Reconocemos que la situación de la empresa es difícil, pero no desesperada.

2. La montaña —vencida, pero no aplastada— se vengó implacablemente de los escaladores.

3. No es una película anticuada y repetitiva, sino rabiosamente actual.

4. No pedimos indulgencia, sino debate y comprensión.

5. La búsqueda de la paz no se consigue con la ruptura de las negociaciones, sino con la ampliación de éstas.

6. El nuevo programa que acaban de sacar al mercado es útil, pero muy caro.

7. Es una persona joven, pero muy responsable.

EJERCICIO 6

1. A su hermano Ignacio, lo vimos el otro día en la calle / A su hermano Ignacio lo vimos el otro día en la calle.

2. A él, le dieron un premio por su excelente currículo / A él le dieron un premio por su excelente currículum.

3. De ese asunto, prefiero no seguir hablando / De ese asunto prefiero no seguir hablando.

4. En él, confían todos sus compañeros / En él confían todos sus compañeros.

5. El equipo de música estéreo, lo compramos en las rebajas / El equipo de música estéreo lo compramos en las rebajas.

6. A las personas que se encargan de las negociaciones, hay que darles un margen de confianza / A las personas que se encargan de las negociaciones hay que darles un margen de confianza.

7. De lo que me dijo, no consigo acordarme / De lo que me dijo no consigo acordarme.

EJERCICIO 7

1. Desde 1981, la epidemia ha afectado a 50 millones de personas / Desde 1981 la epidemia ha afectado a 50 millones de personas.

2. Se dice que, en sólo seis meses, será posible restablecer las comunicaciones / Se dice que en sólo seis meses será posible restablecer las comunicaciones.

3. El Ayuntamiento ha pedido a los ciudadanos que, por su propia seguridad, dejen cerradas las puertas y las ventanas de sus casas / El Ayuntamiento ha pedido a los ciudadanos que por su propia seguridad dejen cerradas las puertas y las ventanas de sus casas.

4. En la primavera de 2000, se conoció el primer borrador del genoma humano / En la primavera de 2000 se conoció el primer borrador del genoma humano.

5. Un ciudadano, gracias a su aparato de radioaficionado, se puso en contacto con el barco en apuros / Un ciudadano gracias a su aparato de radioaficionado se puso en contacto con el barco en apuros.

6. En esa ciudad austriaca, se celebra todos los años un famoso festival de ópera / En esa ciudad austriaca se celebra todos los años un famoso festival de ópera.

7. Me parece que de esta manera no conseguiremos nada / Me parece que, de esta manera, no conseguiremos nada.

8. Su vecino le pidió que quitara el coche de delante de su puerta, con cara de pocos amigos / Su vecino le pidió que quitara el coche de delante de su puerta con cara de pocos amigos.

EJERCICIO 8

1. Respecto de lo que estuvimos discutiendo antes, aún no hay nada decidido.

2. En cuanto a lo que llevamos gastado, tendríamos que usar la calculadora para saberlo.

3. Hablando de tus vecinos, ayer los vimos en la playa.

4. Acerca de los problemas laborales a los que se enfrenta la juventud, su opinión es que debe haber más formación y especialización.

5. En lo que se refiere a las fiestas de la ciudad, la comisión elegida por el alcalde ya está terminando la elaboración del programa.

EJERCICIO 9

1. Sin embargo, en algunas plantaciones se emplean los restos volcánicos para retener la humedad.

2. El premio, no obstante, fue para el representante de los Países Bajos.

3. Siempre ha querido visitar uno de los mayores parques urbanos del mundo, esto es, Central Park.

4. Además, el gobierno no ha acertado con las últimas medidas para detener la tendencia inflacionista de la economía.

5. El personaje, por último, comprende que todo ha sido una alucinación.

6. Los hechos, por consiguiente, no se han podido demostrar.

7. En cambio, su madre siempre le prestó todo su apoyo.

EJERCICIO 10

1. En teoría, es posible aprobar dos cursos en un año.

2. Técnicamente, el diseño adolece de algunos fallos.

3. En términos literarios, una metáfora es una figura que consiste en usar una palabra con sentido figurado en virtud de una comparación establecida por la imaginación.

4. En términos técnicos, se llama meteorito a un cuerpo procedente de los espacios interplanetarios.

EJERCICIO 11

1. Francamente, no sé qué habría hecho sin ti.

2. Esa película, sin duda, es la mejor de los últimos tiempos.

3. Su hermana, la pobre, ha perdido el trabajo.

4. No sé para qué has venido, la verdad.

5. Eso, lógicamente, no era cierto.

6. Ciertamente, hay veces que no la entiendo.

7. El accidente se produjo, al parecer, por causas mecánicas.

EJERCICIO 12

1. En opinión de muchos, el siglo XXI y el tercer milenio comienzan el 1 de enero del año 2001.

2. Un grupo de investigadores norteamericanos, según un artículo de la revista *Molecular Biology and Evolution,* ha comenzado a extraer secuencias de ADN procedentes de células de mamuts.

3. Abaratar el coste de los despidos no mejorará la economía, según un informe de los sindicatos.

4. Los músculos, en opinión de los médicos, pueden perder flexibilidad a bajas temperaturas.

5. Esa vacuna, en palabras de los expertos, supondrá un gran avance en la prevención de la enfermedad.

EJERCICIO 13

1. Roberto está en la playa, María se ha ido con sus amigas, Elena se ha quedado en casa.

2. Es muy tarde, todas las tiendas están cerradas, se ve poca gente por las calles.

3. He estado trabajando con Gonzalo durante toda la semana, hemos podido presentar a tiempo el trabajo.

4. Las vacaciones de verano llegarán dentro de poco, toda la familia nos iremos a la playa.

5. No debe de haber nadie en la casa, las luces están apagadas, no se oye ningún ruido.

EJERCICIO 14

1. Algunos ejecutivos ganan casi tanto dinero como un futbolista, y todavía se quejan / Algunos ejecutivos ganan casi tanto dinero como un futbolista y todavía se quejan.

2. No entiende las explicaciones que se dan en clase, y no pregunta / No entiende las explicaciones que se dan en clase y no pregunta.

3. Nunca hace caso, y sus profesores se están cansando / Nunca hace caso y sus profesores se están cansando.

4. Juan toca la guitarra y tiene una bonita voz.

5. Ella dijo que vendría, y yo sé que lo hará / Ella dijo que vendría y yo sé que lo hará.

6. Me gusta mucho ir a la playa, y voy a hacerlo este fin de sema-na / Me gusta mucho ir a la playa y voy a hacerlo este fin de semana.

EJERCICIO 15

1. Esto no lo digo porque me importe el asunto en sí, sino porque me molesta que aceptes sin discusión todo lo que lees.

2. Los ejércitos ganan la guerra, pero los pueblos tienen que ganar la paz.

3. No tiene ganas de salir de casa, sino de quedarse leyendo un libro.

4. El secretario general de la ONU declaró que en estos momentos es difícil enviar personal a la zona, pero aseguró que la ayuda internacional se reforzará.

5. La situación de algunas especies animales ha mejorado, pero, en realidad, la amenaza aún no ha desaparecido.

6. No quiero que me des la razón, sino que intentes comprenderme.

EJERCICIO 16

1. Decía que todas las letras de sus canciones eran tristes, o que él componía mejor deprimido.

2. Entre todos deberíamos conseguir que nunca más nadie mate o muera.

3. Entra, o sal; pero no te quedes ahí plantado.

4. No sé si salir hoy de compras, o si dejarlo para mañana.

5. Me da igual que se vaya o que se quede.

6. No se da cuenta de que lo está haciendo mal, o no quiere darse cuenta.

7. A veces no se dirigían la palabra, o se hablaban a gritos para demostrarse que no se soportaban.

EJERCICIO 17

1. Con el futuro absoluto significamos la probabilidad presente; con el antefuturo, la posibilidad pasada perfecta.

2. El dibujo de Picasso cuesta 4.200 euros; el de Renoir, alrededor de 6.000.

3. Su hermana vive en la ciudad; y su hermano, en el extranjero.

4. Seguramente aquellas personas se habían dado cuenta. Si no, no hubieran mirado.

5. Felipe se fue a su casa; nosotros, al cine.

6. Juan trajo este objeto de Turín; aquél, de Nápoles.

7. El color sonrosado le da aspecto de niño pequeño; la sonrisa, aspecto de niño travieso.

8. A su padre le gusta la caza; a él, no.

EJERCICIO 18

1. Su familia denunció su desaparición, tras comprobar que no había vuelto a su domicilio / Su familia denunció su desaparición tras comprobar que no había vuelto a su domicilio.

2. Mientras espera la publicación de su tercer libro, recorre diversos países promocionando los anteriores.

3. Cuando llegó a su casa, se encontró con que no había nadie.

4. Vicente, acabada su jornada de trabajo, se va a jugar al dominó.

5. El velero, después de sufrir serios desperfectos, navegó varios días a la deriva.

6. Supo lo que había pasado al oír los comentarios de sus compañeros / Supo lo que había pasado, al oír los comentarios de sus compañeros.

7. El ejército, una vez concluida la guerra, volvió a su acuartelamiento.

EJERCICIO 19

1. Donde viven mis abuelos, mis padres han comprado una casa.

2. Su dinero le permite viajar por donde quiere.

3. Está donde lo dejaste.

4. Hacia donde sale el sol, se dirigen las bandadas de aves migratorias.

5. Donde menos se piensa, salta la liebre.

6. Iremos donde nos llamen.

EJERCICIO 20

1. Armados con fusiles de asalto y cubiertos con chalecos antibalas, los policías tomaron los alrededores de la embajada.

2. Algunos escriben libros como si fueran rosquillas / Algunos escriben libros, como si fueran rosquillas.

3. Iba por la calle hablando solo.

4. Alberto, acompañado por sus padres, se presentó en mi casa.

5. Siempre hace las cosas como quiere.

6. Según me dijiste, hice la salsa.

7. Temblando de miedo, subió las oscuras escaleras.

EJERCICIO 21

1. Curiosamente, los acusados aprovecharon su comparecencia ante el tribunal, para hacer una declaración de principios / Curiosamente, los acusados aprovecharon su comparecencia ante el tribunal para hacer una declaración de principios.

2. Para visitar todas las islas del archipiélago, hay que hacer un crucero de varios días.

3. La venta a través de Internet, para ser válida, exigirá la identificación del comprador.

4. A fin de ganar más dinero, ha cambiado de trabajo.

5. Su familia hizo muchos sacrificios para que él pudiera estudiar / Su familia hizo muchos sacrificios, para que él pudiera estudiar.

6. Para poder comprarse el coche, estuvo ahorrando mucho tiempo.

7. Su padre, para evitar que tuviera más problemas, lo envió al extranjero.

EJERCICIO 22

1. Viendo que el tiempo empeoraba, decidieron quedarse en casa.

2. No le gusta hablar de sus obras, pues no quiere darse importancia.

3. Nunca pensó dedicarse a la canción, puesto que había estudiado Ciencias Económicas.

4. El niño, porque no quería ser castigado, dijo una mentira.

5. Será detenido, ya que sobre él pesa una orden de busca y captura.

6. Dada tu falta de interés, no continuaré hablándote del tema.

7. Esas joyas serán subastadas por la policía porque nadie las ha reclamado / Esas joyas serán subastadas por la policía, porque nadie las ha reclamado.

EJERCICIO 23

1. La película provocaba tal tensión, que muchas personas salieron de la sala.

2. Tanto protestó, que consiguió que un tribunal le diera la razón.

3. El examen era tan fácil, que lo aprobaron todos los alumnos.

4. Se armó tal escándalo, que tuvo que venir la policía.

5. Tanto dijo, que consiguió que le compraran un nuevo ordenador.

6. Su vida era tan complicada, que ni él mismo la entendía.

7. Se desató tal interés por el tema, que los periódicos tuvieron que aumentar la tirada.

8. El tren de cremallera se utiliza en líneas cuya pendiente es tal, que las ruedas no bastan para vencer el esfuerzo de tracción o de frenado.

9. Están muy enamorados, así que pronto se casarán.

EJERCICIO 24

1. El candidato prometió un mayor bienestar social si gana las elecciones.

2. El médico le ha dicho que sólo se curará si toma la medicación que le ha mandado.

3. Si se quiere sacar el máximo partido de los ordenadores, hay que aprender a manejar el *software* a la perfección.

4. Habría dimitido, si hubiera sido un hombre de palabra.

5. Lo dejaría todo, si no tuviera una familia a la que cuidar.

6. Su padre le dijo que, si no aprobaba el curso, no habría viaje al extranjero.

7. Si gano la lotería, dejaré de trabajar.

8. Me parece que, si sigue haciendo este tiempo, no podremos ir a la playa.

EJERCICIO 25

1. A pesar de sus problemas físicos, consiguió acabar los estudios.

2. Aunque tiene fama de serio, le encanta sonreír.

3. Lo bueno es que, aun teniendo tantos problemas, continúan juntos.

4. Si bien no hay pérdidas humanas que lamentar, el terremoto ocasionó grandes destrozos.

5. El bizcocho no quedó bien, aunque hice lo que me aconsejaste / El bizcocho no quedó bien aunque hice lo que me aconsejaste.

6. Irene, aunque le dijeron que no era prudente con este tiempo, salió a hacer montañismo.

7. A pesar de lo aparatosa que fue, su caída no tuvo ninguna importancia.

8. No habla bien el español, aunque lleva tres años estudiándolo / No habla bien el español aunque lleva tres años estudiándolo.

EJERCICIO 26

1. La detención, tengo entendido, se produjo la mañana del lunes.

2. Diego, según me ha dicho su padre, va a ir este año a la Universidad.

3. Conseguir la entrada me costó, puedes creerme, hacer tres horas de cola ante la taquilla.

4. Su comportamiento, tal y como esperábamos, no ha sido el más correcto.

5. La lengua, estoy seguro de ello, es un sofisticado instrumento de comunicación.

6. Sonia, eso creo, va a matricularse en Filología.

7. Como ya sabíamos que iba a pasar, las conversaciones con los sindicatos terminaron con la desconvocatoria de la huelga.

EL PUNTO Y COMA

EJERCICIO 27

1. Sus obras se han traducido a dieciséis idiomas; sin embargo, siguen sin ser conocidas por el gran público.

2. El congreso se inaugurará la próxima semana; en él, especialistas en la obra del escritor analizarán diversas facetas de sus creaciones; hablarán, asimismo, de su influencia en otros autores contemporáneos.

3. No comprendemos muy bien en qué consiste el efecto 2000; es decir, el efecto que tuvo en los ordenadores el cambio de siglo.

4. Dijo que pronto te devolverá todo el dinero; y lo hará.

5. El rápido desarrollo del juego ha traído una gran prosperidad a la región; no obstante, también ha provocado serios problemas derivados de la rivalidad de los distintos grupos mafiosos.

6. Fue al cine; no le gustó la película; volvió a su casa malhumorado.

7. Ha preparado una sala de su casa para organizar veladas musicales; ha comprado un impresionante piano; y espera conseguir que algunos intérpretes de cierto renombre acepten tocar para sus distinguidos invitados.

EJERCICIO 28

Todos parecían estar disfrutando enormemente de la fiesta: los jóvenes que, reunidos en pequeños grupos, charlaban y reían; las parejas que bailaban a los sones de aquella magnífica orquesta traída desde muy lejos por los anfitriones, quienes no repararon en gastos; las señoras, que, vestidas con costosos trajes y adornadas con valiosas joyas, felicitaban, tan pronto como se les presentaba la oportunidad, a los dueños de la casa; y también los caballeros; incluso los que tenían que abandonar el impresionante salón y salir a la terraza, a pesar del frío que hacía aquella noche, para fumar algún cigarrillo.

LOS DOS PUNTOS

EJERCICIO 29

1. Dos años después de su inicio, podemos decir que el plan ha sido un éxito: ha disminuido considerablemente el porcentaje de adultos sin alfabetizar.

2. Colas interminables, largas esperas y un calor insoportable: todo eso han padecido los que querían una entrada para el concierto de esta noche.

3. El barco tenía el mástil roto, una vía de agua y un motor averiado. En conclusión: los tripulantes tuvieron que lanzar una llamada de socorro.

4. Antes de marcharse, le dijo: «Te escribiré tan pronto como el barco llegue a puerto».

5. La novela trata de temas universales: el amor, los celos o la muerte.

6. No le gustan el bullicio y las incomodidades de la ciudad: se ha ido a vivir al campo.

7. Podemos estar tranquilos: hemos cumplido con nuestra obligación.

8. Conseguimos un autógrafo del protagonista de la película: ha sido un día muy emocionante.

9. El presidente de la compañía reconoció que sabía desde hace ya cierto tiempo que faltaba dinero. Ahora bien: no quiso dar explicaciones de ningún tipo.

10. Recientemente ha salido al mercado un nuevo programa que permite compartir fotos a través de Internet: los aficionados a la fotografía están de enhorabuena.

11. Si el alcalde sigue así, no esperarán a que se acabe la presente legislatura; es decir: lo echarán antes.

12. Las aplicaciones de la cremallera no se han quedado en la vestimenta: la industria de la alimentación y la industria farmacéutica la emplean en sus envases; la del automóvil, en sus productos.

13. El administrador le dijo: «Francamente, no sé qué se puede hacer para salvar la finca; hay demasiadas deudas».

EL PUNTO

EJERCICIO 30

1. Hubo muchas dudas acerca de su rendimiento cuando fichó por el equipo. Sin embargo, él siempre tuvo confianza en sí mismo.

2. No sabe cómo se encuentra su familia. Un terrible huracán ha interrumpido las comunicaciones.

3. Juan tiene que marcharse del país. Y su mujer quiere irse con él.

4. Era de noche. Los termómetros marcaban una elevada temperatura. Las terrazas de los bares estaban llenas de gente que intentaba aliviar el calor tomando helados y bebidas frescas. No había habido una noche tan calurosa como ésta desde hacía mucho tiempo.

5. Se llamaba Andrés. Había llegado a la ciudad buscando una vida mejor. Sin embargo, aún no había tenido suerte.

6. Se sentó en el sofá. Cogió un libro. Pero los nervios no le permitieron concentrarse en la lectura.

7. La Sra. María Rodríguez es funcionaria del Ministerio de Economía y Hacienda.

Los signos de interrogación

EJERCICIO 31

1. Al acercarse a un nuevo milenio, debemos plantearnos algunas cuestiones. ¿Es necesario establecer metas más ambiciosas en la búsqueda de un mundo mejor? ¿Es hora de empezar a preocuparse no de la prosperidad de unos pocos, sino de las necesidades de la mayoría?

2. Caballero, ¿puede decirme qué hora es?

3. Si ella te lo pide, ¿podrías ayudarla con el trabajo de matemáticas?

4. Hay muchas cosas que aún no sabemos acerca de la asamblea de mañana: ¿a qué hora será?, ¿en qué edificio se celebrará?, ¿será meramente informativa, o habrá que votar?

5. ¿Qué harás cuando se te acabe el contrato?

6. ¿Puede poner eso ahí, Carmen?

7. El presidente ha amenazado a sus enemigos haciendo una exhibición de su arsenal (?).

LOS SIGNOS DE EXCLAMACIÓN

EJERCICIO 32

1. ¡No me digas eso!, ¡no quiero saber nada!, ¡prefiero vivir tranquila!

2. ¡Cómo es posible que aún pasen estas cosas en el mundo en que vivimos! ¡Es que las personas vamos a ser siempre incapaces de vivir en paz y en armonía con los que nos rodean! ¡Cómo podemos permitir que se lesionen así los derechos de una minoría!

3. Cuando terminen los exámenes, ¡voy a hacer una gran fiesta!

4. Señor, ¡no tire basura a la calle!

5. ¡Lo haré para que me dejes tranquila de una vez!

6. ¡Quítate de ahí, niño!

7. Se está empezando a sospechar que el Gobierno busca en los conflictos externos una excusa para no afrontar los problemas internos (!).

LOS PARÉNTESIS

EJERCICIO 33

1. Ese escritor (Chicago, 1943) es uno de los mejores de su generación.

2. El pianista nació en Cundinamarca (Colombia).

3. El FMI (Fondo Monetario Internacional) ha presentado hoy sus previsiones para los próximos cinco años.

4. Las tríadas (sociedades secretas chinas) controlan la emigración ilegal en el país.

5. Su padre (y lo mismo había hecho su abuelo hacía ya bastantes años) se jubiló a los 65 años.

6. El descubrimiento de América (1492) ocasionó un profundo cambio en el mundo de la época.

7. Ayer, apareció el cadáver (era lo que todos temíamos) del niño cuya desaparición fue denunciada por sus familiares hace una semana.

LOS CORCHETES

EJERCICIO 34

1. Sus padres nacieron en un pueblo de Gran Canaria (Islas Canarias [archipiélago perteneciente al territorio español]) a comienzos del siglo pasado.

2. La entrega de premios se celebrará este año en el teatro Lope de Vega (Sevilla [España]).

3. «Guagua» es un vocablo quechua (lengua de los indígenas pertenecientes al imperio incaico [Perú]) que significa 'niño de pecho'.

4. *El tragaluz* se estrenó en el teatro Bellas Artes (Madrid [España]) en 1967.

LOS PUNTOS SUSPENSIVOS

EJERCICIO 35

1. No sé... Me parece que aquí no hay nadie.

2. Si algún día tengo mucho dinero, me compraré una casa, un coche, un caballo...

3. Vendrán Juan, Pedro, Ramón...., y no sé si alguien más.

4. Quiso dejar de verla...; pero no pudo.

5. No cae bien a sus compañeros porque tiene una actitud...

6. No sé lo que pareces con ese vestido…

LAS COMILLAS

EJERCICIO 36

1. La intérprete dijo: «La actual afición al tango supone una vuelta al gusto por lo sensual».

2. La «rumorología» es una actividad propia de personas ociosas.

3. Siempre dice «intérvalo» en lugar de intervalo.

4. Curiosamente, en el programa del último congreso aparecía la palabra «breaktime».

5. «A» expresa fundamentalmente la idea de movimiento material o figurado.

6. Usamos la palabra «emoción» en su sentido rigurosamente psicológico de complejo afectivo.

7. «Hacia los conceptos de lengua, dialecto y hablas» es el título de un interesante artículo escrito por Manuel Alvar.

8. En su discurso, el ministro dijo: «La cultura en todas sus manifestaciones es la más importante herencia que podemos dejar a nuestros hijos, "es —en palabras del filósofo— la memoria de una época ya pasada"».

9. El director del periódico dijo a las cadenas de televisión presentes: «Todos tenemos la obligación de procurar que la libertad de expresión goce de buena salud, porque, como ya explicó alguien, "amordazar la libertad de expresión puede ser peligroso"».

10. Las fábulas, 'relatos alegóricos', generalmente acaban con una moraleja.

11. En sentido figurado, se llama «arpía», 'ser fabuloso con rostro de mujer y cuerpo de ave de rapiña', a la persona codiciosa.

LA RAYA

EJERCICIO 37

1. Tres cosas —salud, dinero y amor— queremos tener todos.

2. Ese diplomático —según el periódico de ayer— pertenece al servicio de inteligencia de su país.

3. Los grandes centros financieros —la City de Londres o Wall Street, por ejemplo— necesitan los mejores cerebros de todo el mundo.

4. La cremallera lleva dentro tres cuñas —una triangular, la superior, y dos curvadas, las inferiores— que tienen la misión de separar o de unir los dientes.

EJERCICIO 38

I. […] Ella no interrumpió su labor. Esperó a que pasara el caliente rubor de sus orejas e imprimió a su voz un sereno énfasis de madurez.

—Por supuesto, Crespi —dijo—, pero cuando uno se conozca mejor. Nunca es bueno precipitar las cosas.

II. […] Don Apolinar Moscote tuvo dificultades para identificar a aquel conspirador de botas altas y fusil terciado a la espalda con quien había jugado dominó hasta las nueve de la noche.

—Esto es un disparate, Aurelito —exclamó.

—Ningún disparate —dijo Aureliano—. Es la guerra. Y no me vuelva a decir Aurelito, que ya soy el coronel Aureliano Buendía.

III. […] Arcadio examinó con una mirada de conmiseración a aquel extraño mensajero que podría haberse confundido con una abuela fugitiva.

—Usted, por supuesto, trae algún papel escrito —dijo.

—Por supuesto —contestó el emisario—, no lo traigo. Es fácil comprender que en las actuales circunstancias no se lleve encima nada comprometedor.

EL GUIÓN

EJERCICIO 39

1. Las relaciones hispano-marroquíes son fundamentales en esta conferencia.

2. Estoy recibiendo lecciones teórico-prácticas de cocina.

3. Los personajes de la novela se ven envueltos en una extraña relación amor-odio.

4. Su ascendencia luso-japonesa está muy presente en sus obras.

5. He comprado un sofá-cama y una mesa-camilla para el salón-comedor de casa.

EJERCICIO 40

des-tor-ni-lla-dor	am-bi-va-len-te
de-sa-hu-ciar	sols-ti-cio
abs-trac-ción	ca-che-ta-da
pre-de-ce-sor	con-fla-gra-ción
hi-pó-dro-mo	gas-tro-en-te-ri-tis

RECAPITULACIÓN

I. Cuando has eliminado lo imposible, lo que queda, aunque sea improbable, es la verdad.

II. En 1429, Juana, una adolescente francesa de 16 años, oye la voz de Dios, que le dice que es la elegida para liberar a su país y para ayudar al rey Carlos a llegar al trono.

III. Serían las diez de la mañana. Yo estaba recostado en un banco, frente al río Charles. A unos quinientos metros a mi derecha había un alto edificio, cuyo nombre no supe nunca. El agua gris acarreaba largos trozos de hielo. Inevitablemente, el río hizo que yo pensara en el tiempo. La milenaria imagen de Heráclito. Yo había dormido bien; mi clase de la tarde anterior había logrado, creo, interesar a los alumnos. No había un alma a la vista.

IV. A las once, cuando ya estaban a punto de llegar los invitados, era tal el caos en la casa, que Fermina Daza reasumió el mando, pero no con la actitud triunfal que hubiera querido, sino estremecida de compasión por la inutilidad doméstica del esposo. Él respiró por la herida con el argumento de siempre: «Al menos no me fue tan mal como te iría a ti tratando de curar enfermos». Pero la lección fue útil, y no sólo para él. En el curso de los años ambos llegaron por distintos caminos a la conclusión de que no era posible vivir juntos de otro modo, ni amarse de otro modo: nada en este mundo era más difícil que el amor.

V. Se aferró al esposo. Y justo en la época en que él la necesitaba más, porque iba delante de ella con diez años de desventaja tantaleando solo entre las tinieblas de la vejez, y con las desventajas peores de ser hombre y más débil. Terminaron por conocerse tanto, que antes de los treinta años de casados eran como un mismo ser dividido, y se sentían incómodos por la frecuencia con que se adivinaban el pensamiento sin proponérselo, o por el accidente ridículo de que el uno se anticipara en público a lo que el otro iba a decir.

VI. Manuel tenía los ojos cerrados. Parecía exhausto. Respiraba apenas. En los párpados inferiores, venillas de un verde tierno le daban un aire infantil. El labio de arriba, prominente, se lo marcaba aún más. Las manos caídas como en el colmo del agotamiento, la cabeza inclinada a la derecha con suavidad, el cabello negro y sudoroso cubriéndole parte de la cara, tenía aspecto de que nunca podría ya descansar del todo.

VII. Mil veces a lo largo de esa noche terrible en casa de los Teldi, que ahora estaba a punto de terminar, Serafín Tous había vuelto a repetirse lo mismo: que, de no haber muerto Nora, él jamás habría soñado siquiera con entrar en un establecimiento de las características del Nuevo Bachelino. Entonces nunca habría visto asomar por la puerta de la cocina los bigotes de ese cocinero chismoso; tampoco habría llegado a escuchar su conversación con el dueño del local (se comportaban como dos antiguos compañeros en el negocio de bares y restaurantes). Y si no se hubieran visto y él no hubiera reparado en esos bigotes, ahora podría estar durmiendo tranquilamente en vez de sufrir los efectos de ese terrible insomnio.

VIII. Quedarse solo. ¡Qué libertad, Dios mío! Sería un milagro. Está convencido, sin embargo, de que le obligará a cargar con ella el resto de sus días, aunque afortunadamente no serán muchos. Ahora recuerda que le prometió amor eterno, pensando que esa eternidad no duraría demasiado tiempo.